태안당 준수 스님 강설 ─ 무심 이영찬 간행

반야심경 교리 입문

〈無心의 즐거움〉

세 가지 행위

나는 무엇으로 사는가?

몸으로 행동을 하고 입으로 말을 하며

머리로 생각을 하며 산다

우리는 알고 안 하는 것보다

몰라서 못 하는 것이 훨씬 많다

들어가는 글

흔히 모두를 종교라 하지만, 종교와 신교의 차이를 알아야 한다. 종교는 철학이 토대이고, 신교는 신화가 그 토대이다.

종교宗敎는 신의 계시나 초월적 가르침을 말하는 것이 아니라 상식적이고 현실적이며 지금 바로 실현 가능한 자각을 요구하는 것이다.

반면에 신교神敎는 초자연적 신의 계시에 의한 복음이며, 오로지 신의 구원에 매달리는 종속적 관계를 요구하는 것이다.

종교의 관점에서는 세상의 주인은 사람이다. 세상은 사람이 펼치는 삶의 무대이고, 사람이 어떻게 사느냐에 따라 세상의 질적인 변화가 달라진다. 어떻게 살 것인가, 그보다 사람은 무엇으로 사는가를 알아야 한다.

무엇으로 사는지도 모르면 어떻게 살 것인가도 아무런 의미가 없다. 인간은 영원한 행복을 위해서 살아가지만 거의 모든 사람이 무엇으로 사는지, 어떻게 살아야 할 것인지도 모른 체 안개 속을 살고 있다.

사람은 신·구·의身口意 세 가지 행위[본문 118쪽]로 살아간다. 단지 계·정·혜戒定慧 세 가지 수행[본문 162쪽]으로 살아가는 사람과 탐·진·치貪瞋痴 세 가지 독소[본문 126쪽]로 살아가는 사람이 있다.

이 책은 불교의 가장 기본적인 교리를 사람의 가장 현실적 삶의 입장에서 풀어 본 것이다.
앞서 말했듯이 인간의 기본적 명제인 사람은 무엇으로 사는가? 어떻게 살 것인가? 생각은 어떻게 일어나는가? 마음의 다양한 긍정성과 가능성을 불교는 인문학이라는 관점에서 서술하였다.

종교하면 기도를 생각한다. 기도에는 바라는 기도가

있고, 마음을 공부하고 행위를 개선하는 기도가 있다.

바라는 기도는 채우려는 마음이 있지만 공부하는 기도는 이미 채워진 마음으로 내면에 충만한 불성 에너지를 누리고 나누는 것이다.

우리는 이미 목적지에 와 있으며 지금 바로 여기가 행복의 낙원임을 자각하고 깨어있는 마음, 열려있는 마음으로 소통하고 이해하고 용서하며, 인정하고 존중하는 마음으로 자비·지혜·사랑을 함께 나누어 가는 것이다.

여러 해 전에 출간한 졸저 '나는 무엇으로 사는가'를 불가에 오랜 인연을 맺은 무심거사가 환갑을 기념하며 재출간을 한다기에 제명을 《반야심경 교리 입문》 '무심의 즐거움'으로 바꾸어 원고를 마감하는 바이다.

갑진년 8월
퇴촌산방 준수 화남

목 차

심경

순서

일러두기

이 책은 네이버 블로그 염불명상에 올린 짧은 글을 간추려 모은 것이다. 따라서 반복되는 문장이나 문구가 더러 있음을 미리 밝혀둔다.

불교를 쉽게 이해하려면 공식을 알아야 하며 가능하면 기본 교리에 해당하는 한자漢字는 충분히 익히는 것이 지름길이다.

한자는 글자의 의미가 제한되어 있지 않다. 공부하는 햇수가 늘고 연륜이 쌓이게 되면 깊은 이치를 찾을 수 있다.

문장마다 한 줄씩 자주 칸을 비운 것은 우선 읽기 쉽게 한 것이고, 또 글이 전하지 못하는 침묵과 고요 그리고 명상의 여운을 담고 싶어서이다.

부디 어렵다 말고 거듭 반복해서 공부해 가기를 천만 바라는 바이다. 공짜는 없다. 알아야 깨인다. 이 글을 대하는 분들의 깊은 이해를 바랄 뿐이다.

발견

염불은 자신과의 소통이다

자신과 소통하라

모든 문제는 소통 부재에서 발생한다

명상은 새로운 발견이다

발견

2700여 년 전 지금의 북인도 카필라 왕국의 왕자로 태어나 19세의 나이로 왕위를 포기하고 출가수행을 통해서 인생의 온갖 문제가 마음을 모르는 데에서 발생한다는 인류 역사상 가장 위대한 지혜를 발견하고 깨달은 이가 되었으니 그를 붓다 석가모니라 한다.

생활의 발견이라는 말을 처음으로 사용한 이는 근대 중국의 임어당이라는 어느 대학교수였다.

마음의 발견이라는 말이 익숙하지 않겠지만 이미 불교 여러 경전에 깨달음이라는 표현으로 절집에서는 익숙한 말이다.

인류사에 두 가지 위대한 발견이 있었으니 마음의 발견과 전기의 발명이 그것이다.

마음의 발견은 심리에 의해 발생하는 온갖 문제를 치유하는 지혜로 수많은 도인이 그것을 증명하였고, 전기의 발명은 물리의 모든 문제를 해결하여 지금의 물질문명을 이루었다.

마음의 발견은 내가 나라고 여기는 몸과 마음 그리고 나를 나라고 굳게 기억하고 생각하는 나를 완전히 분리해서 일단 몸은 몸, 마음은 마음, 나는 나라고 분명하게 나누어 생각하는 곳에서 이루어진다.

생각을 담당하고 있는 머리, 그 생각에 따라서 온갖 행동을 하는 몸, 생각하면서 하는 말과 아무 생각 없이 나도 모르게 나오는 말을 하는 입이 있다.

온갖 대상을 인식하고 기억하며, 그 기억에서 발생하는 생각과 감정 그리고 시시로 바뀌는 기분 이전에 마음을 알아야 한다.

나는 마음을 가지고 머리로 생각을 하고, 몸으로 행동을 하며, 입으로 말을 하면서 사물과 온갖 대상을 인식하고 기억하며, 그 기억을 바탕으로 생각하고 그 생각을 가지고 말하고 행동하며 산다.

마음의 발견을 밝히고 있는 불교의 팔만장경과 국립도서관의 수십만 권의 도서가 오직 사람이 마음을 가지고 생각하는 행위에서 나온 것이며, 어마하게 큰 도시의 높고 낮은 그 많은 건물이 설계·건축·감리에 이르기까지 사람이 마음으로 생각하여 이루지 않은 것은 아무것도 없다.

철학에는 물리철학과 심리철학이 있다.
서양은 사물의 이치를 밝히는 물리철학으로 근대 과학 문명을 이루는데 지대한 공헌을 하였고, 동양은 마음의 이치를 탐구하는 심리철학으로 찬란한 정신문명의 역사를 가졌다.

인성

나의 우상은 큰 바위 얼굴이었다. 큰 바위 얼굴은 민중의 염원이 담긴 미륵이다. 주인공이 기다리던 큰 바위 얼굴은 재벌도 장군도 정치가도 아니었다.

10대에는 재벌을 만난다. 재벌은 탐욕[貪]을 상징적으로 나타낸 말이다. 그래도 어릴 때는 재벌이 좋다.

20대에는 장군을 만난다. 장군은 분노[瞋]를 상징한다. 혈기 넘치는 20대에는 장군이어야 한다.

30대에는 정치가를 만난다. 정치는 무지[癡]를 상징적으로 표현하고 있다. 무지하다고 미련하지는 않지만, 영리하다고 지혜로운 것은 아니다.

40대에는 시인을 만난다. 시인은 지혜를 의미한다. 주인공은 시인을 통해 자신이 큰 바위 얼굴임을 자각한다.

우리는 모두 불성을 지닌 큰 바위 얼굴이다. 지금 바라보는 자신은 어떠한가?

안심

선가에 '안심입명처를 찾았는가?'라는 말이 있다. '안심安心'은 마음을 편안하게 하다. '입명立命'은 삶을 온전하게 하다. 라는 말인데 도를 닦는다는 것은 바로 '안심입명'에 그 목적이 있다.

도를 이루어야만 안심입명 할 수 있는 것이 아니라 길에 들어서는 순간 '안심입명安心立命' 해야 한다.
염불 명상은 누구나 쉽게 일생을 안심하고 입명할 수 있는 수승하고 완전한 수행법이다

생각해보라! 본래부터 내게 있는 것하고 본래 없는 것의 차이를, 우리는 본래부터 가지고 있는 것을 사용하여 안심입명하는 것이다. 중생은 본래 부처이다.

붓다는 그렇게 깨닫고 그렇게 말하였다. 불자는 그렇게 믿고 그렇게 알고 그렇게 행하면 된다. 염불 명상 공덕이 여기에 있다.

긍정

불자라면 매사를 긍정적으로 허용하는 지혜가 있어야 한다. 알고 안 하는 것보다 몰라서 못 하는 것이 훨씬 더 많다는 것을 인정해야 한다.

사소한 것일지라도 알면 덕이 될 때가 있다. 아는 것도 무형의 자산인 것이다.

'안빈낙도安貧樂道'라는 말이 있다. '안빈安貧'은 가난을 편안하게 여긴다는 말이고, '낙도樂道'는 부족함 속에서 도를 즐긴다는 말이다. 빈貧자는 나눌 分 아래에 화폐를 뜻하는 조개 貝가 있어서 자발적 가난을 의미하는 글자이다.

도사님! 어떻게 하면 행복할 수 있나요?

안빈하고 낙도하시오!

그러면 행복하나요?

그런다고 행복하면 나도 참 좋겠소만은…

행복이란 세상에서 가장 귀한 물건이라 쉽게 얻을
수 있는 게 아니라오. 우선 안빈보살과 낙도거사를 진
심으로 마음속 깊이 맞이하시오.

그런 뒤에 '안빈낙도安貧樂道' 넉 자를 되는대로 그
려서 집안에 잘 보이는 데 붙여놓고 매일 30번씩 백일
동안 읽고, 그게 끝나면 매일 30번씩 백일 동안 쓰시
오.

어린아이가 한마디 말을 하기 위해서는 6천 번 정도
는 들어야 한다고 한다.

안빈낙도 안빈낙도… 아내는 안빈보살 남편은 낙도
거사 모든 가치는 자신의 평가에 달려 있다.

지족

　안심입명 · 안빈낙도에 이어 안분지족을 알아야 한다. '안분安分'은 자신의 몫에 편안해하는 마음이고 '지족知足'은 만족할 줄 아는 지혜이다. 만족하는 마음이 최상의 부자라는 말이 있다.

　안빈보살과 낙도거사가 자식을 두었는데 이름을 지족이라고 불렀다. 장성하여 장가를 가는데 색시 이름이 안분이란다. 알고 보니 조모는 앞에 소개한 안심보살이고, 조부는 입명거사이다.

　불심이 돈독하여 석가세존과 관음보살을 믿고 따르며 매일 염불 명상으로 내공을 다진 알찬 불자 집안이다.

　행복은 나와 나를 분리하는 마음의 발견에서 얻는 안식이다. 파도와 바다 · 구름과 하늘 · 거울과 그림자 · 마음과 생각을 살피며 지나가는 것과 늘 있는 것을 분리할 줄 알아야 한다.

명상

참선은 마음으로 마음을 깨달아 가는 수행이고, 경전공부나 사경은 글자를 통해 마음을 챙기고 마음을 닦는 것이며, 요가나 선체조 등은 몸으로 마음을 닦는 것이다.

명상은 호흡을 통해서 또는 자신의 일거수일투족 일체 행위나 동작을 살피면서 생각을 쉬고 깨달음에 이르고자 하는 등 다양한 방법이 있다.

염불은 불보살의 공덕과 덕상을 찬탄하고, 고승의 깨달음이 담긴 게송 등을 소리를 짓고 뜻을 관하면서 마음을 열어가는 명상이다.

염불은 불교 수행에 있어 가장 기본이며 가장 쉬운 수행이다. 염불을 통해 자신과 소통하며, 나를 찾는 소리를 익히고, 언제 어느 때나 즐겁고 흥겹게 소통하는 염불이야말로 이 시대의 탁월한 명상일 것이다.

집중

염불 명상이라 하니! 어떻게 하느냐고 묻는 이들이
있다. 그럴 때면 먼저 어·묵·동·정語默動靜을 살
피라고 일러 준다.

'어語'는 소리를 내어 말을 하다. '묵默'은 말이 끝나
고 침묵으로 돌아오다. '동動'은 소리를 내며 움직임을
인식하다. '정靜'은 소리가 사라지면 소리 이전의 고요
를 인식하는 것이다.

'소리·말·움직임'은 생멸하는 현상계이고, '침묵·
정지·고요'는 생멸이 없는 본질계이다.
우리를 힘들게 하는 것은 말과 움직임 가운데 있고,
우리를 쉬게 하는 것은 침묵과 고요에서 찾아야 한다.

염불은 소리를 통해 침묵을 찾고 움직임을 통해 고
요를 인식하며 내면의 평화를 찾는 명상이다. 침묵·
고요·평화 이것 또한 행복해지는 하나의 공식이다.

사유

염불 명상에서 가장 중요한 기본 설정으로 두 번째
가 송문관의誦文觀義이다.

입으로는 문장을 읽거나 외우면서 마음으로는 뜻을,
그리고 이치를 관하는 것이다. 독서삼매를 생각해보
면 쉽게 알 수 있을 것이다.

'송誦'은 독송, 글을 읽거나 외우다.
'문文'은 문장, 경전 또는 게송 등의 글을 말한다.
'관觀'은 눈이 아니고 마음으로 비추어 보는 것이고
'의義'는 의미, 문장이나 글자에 담긴 뜻이다.

관觀이란 모든 수행에 제일 조건이다. 밖을 향하던 의
식을 안으로 거두어들여 의식에 모으고 집중하여 비추
어 보는 것이다. 사실 모든 공부도 여기서 시작한다.

마음이 콩밭에 가 있는데 공부가 되겠는가? 의식이 순
일하게 마음에 모여 고요할 때 최적의 명상에, 휴식에
든다. 비로소 원하던 공부를 지어가게 되는 것이다.

육념

'염念'은 초기불교에서 매우 중요한 수행법이다. 나아가 모든 일에 있어 念은 성공의 단초가 된다. 무슨 일을 하든 간절한 염念이 있어야 하기 때문이다.

팔정도에도 일곱 번째가 '정념正念'이다. 정정正定을 이루기 위해서는 정념이 우선인 것이다. 초기불교에 '육념六念' 명상이 있다.

염불念佛, 광명이신 부처님을 생각하라.
염법念法, 지혜로운 가르침을 생각하라.
염승念僧, 원력으로 화합하는 모임을 생각하라.

염시念施, 나누는 기쁨을 생각하고 실천하라.
염계念戒, 가치 있는 삶을 추구하며 실천하라.
염천念天, 행복한 보장을 생각하며 정진하라.

아침에도 염불 저녁에도 염불이 일상이 되어야 한다. 임종 직전에 '나무아미타불'할 의식만 있다면 성불은 따논 당상이다. 극락세계는 하루하루 염불이 걸음걸음이다.

염불이 최선이다. 낯선 길에서 헤매지 말고 본래 있던 길로 돌아오라! 부처님이 맞이하시고 고승이 증명하고 계신다.

광명

염불 명상이란, 문장을 외우면서 뜻을 관하며 좌선하듯 편히 앉아서 소리의 일어남과 사라짐을 살피고 소리의 높낮이를 인식하며 천천히 문장을 따라 올리는 것이다.

소리를 통해 생각을 가라앉히고 또렷한 의식으로 돌아가며 부처님의 크신 자비와 밝은 광명을 자신의 몸과 마음에 깃들게 하는 것이다.

불교의 모든 의식이 그대로 지혜이며 광명이며 명상이다. 예불의식·반야심경·천수경·신심명 나아가 화엄경 약찬게 등이 바로 그렇다.

생명은 광명이다. 지혜 또한 광명이다. 부처님의 세계도 바로 광명이며 예불의식도 오로지 광명이 그 주제이다.

계향, 맑게 살겠습니다.

정향, 바르게 살겠습니다.

혜향, 지혜롭게 살겠습니다.

해탈향, 행복하게 살겠습니다.

해탈지견향, 중생을 행복하게 살도록 돕겠습니다.

정향

중생이 가지고 있는 나쁜 심리에 다섯 가지가 있다. 탐·진·치·만·의가 바로 그것이다.

'탐貪'은 나에게 이로운 것만 가지려는 심리이고

'진瞋'은 갖지 못하는 것에 대한 심각한 불만 심리이고

'치癡'는 이러한 인과 관계의 이치를 미혹해서 알지 못하는 심리이다.

'만慢'은 남을 무시하고 나 중심에 빠져 사는 오만한 심리이고

'의疑'는 올바르게 개선하는 가르침을 부정하고 잘못된 자기 삶을 알아차리지 못하는 심리이다.

'탐'은 계향으로 자제력을 행하여 알아차리고

'진'은 정향으로 집중력을 통해서 알아차리고

'치'는 혜향으로 지혜력을 닦아 알아차리며

'만'은 해탈향으로 해탈력을 이루어 알아차리며

'의'는 해탈지견향으로 밝은 지견력을 가지고 알아차
려야 한다.

기운

마음의 무한한 힘을 발견하신 부처님은 세상에서 기가 가장 센 분이다. 부처님은 우주의 기운으로 충만하신 분이다. 염불 명상은 마음의 채널을 불성에 맞추는 것이다.

우리나라 방방곡곡에 기가 모인 혈 자리마다 부처님이 계시며 천년이 넘도록 변함이 없으시다. 앞으로 천년도 그러하실 것이니 그 기가 얼마나 세겠는가?

천 개의 태양보다도 더 밝은 분이며, 천만 개의 벼락보다도 그 에너지가 더 강한 분이다.

우주 공간에서 부처님의 기를 피할 수 있는 존재는 없다. 염불하라! 역대 선지식이 증명하고 계신다. 명상하라! 나도 부처님의 일부임을…

'나무아미타불'은 우주 그 자체를 부르는 명호이고
'관세음보살'은 우주 그 작용을 부르는 명칭이다.

정성

많은 사람이 기도 기도하는데, 불교는 염불이지 기도가 아니다. 염불은 무엇인가? 정성이다. 정성이 무엇인가? 정성이 염불이다.

어느 불자가 아들의 중요한 시험을 앞두고 부처님께 기도를 드렸다. 마지막 발표 날이 다가왔다. 주말이 지나고 오는 월요일이 끝나는 날이었단다.

주말을 초조하게 보내게 되었는데 합격이 되면 부처님께 기도하면 다 되는구나 하는 마음이 생길 것 같고, 합격이 안 되면 기도를 해도 영험이 없구나 하는 마음을 심어줄 것 같아 내심 고민을 하고 있었다.

그런데 마지막 날 합격 통보를 받았다. 두 번째 우려는 피했지만, 첫 번째 상황은 설명이 필요했다. 아들아 엄마의 정성이 부처님께 통했나 보다! 본시 부처님은 기도를 들어주고 말고가 없단다.

네가 떨어졌다면 엄마 정성이 부족한 것이고, 네가 합격한 것은 나의 정성이 부처님께 통했기 때문이란다.

모든 일은 사람이 한다. 부처님은 이런 이치를 깨닫고 설하신 분이다. 모든 소원성취는 부처님에게 있는 것이 아니라 정성을 올리는 나에게 있는 것이다.

정성은 좁쌀만큼 드리고 성취는 수박만 하기 바란다면 되겠는가. 정성이 지극하면 하늘도 감동한다고 했다. 매사에 정성이 중요하다.

염불

종교

　지금도 많은 사람이 종교에 대해 잘못 이해하고 있는 경우가 많다. '宗의 敎'에는 신은 존재하지 않는다. 종宗과 교敎는 중국에서 불교 경전을 해석하는 과정에서 나온 불교의 전문 용어이다.

　어느 경전이나 종파가 궁극적으로 추구하는 방향을 宗이라 하고, 그 宗을 담고 있는 가르침을 敎라고 한다. 조계종 · 태고종 · 화엄종 · 천태종 · 법상종이니 하는 것이 그것이다.

　서양의 릴리젼(Religion)은 종교와는 전혀 무관한 것이다. 릴리젼은 神의 계시에 의한 교이기 때문에 굳이 번역하자면 '神의 敎' 즉 神敎라고 해야 한다.

　서양의 학문이 동양에 전해지면서 거의 모든 분야의 학설이나 학문이 일본에서 번역이 이루어졌다.

1881년 일본의 이노우에井上哲次郞* 등이 서양의
릴리젼을 깊은 생각 없이 불교의 전문 용어인 宗과 敎
로 번역한 것이다.

　　불교는 신을 믿고 섬기는 敎가 아니다. 깨달은 분의
가르침을 믿고 배우는 敎이다. 깨달음의 진리를 宗이
라 하고, 그 宗을 가르치는 것을 敎라 하는 것이다.

　　불교가 이 땅에 들어와 이전의 민족 신앙을 흡수하
면서 다양한 형태의 불교가 되었다. 불자는 불교가 추
구하는 宗이 무엇인지 그 宗을 설하고 있는 敎가 어떤
것인지를 찬찬히 알아가야 한다.

* 불교대학 강의 노트 1

〈붓다의 근본 가르침 이철현 엮음 도서출판 문중 간〉

근본

유교인 공맹의 가르침은 사람[人]을 근본[宗]으로 삼고, 인의[仁義]로 도[道]를 삼는다.

유교의 목적은 몸을 수양[修身]하고, 집안을 건사[齊家]하며, 나라를 다스려서[治國] 천하를 평화롭게[平天下] 하는 것이다.

도교인 노장의 가르침은 자연을 근본[宗]으로 하고, 무위[無爲]로써 도를 삼는다.

도교의 목표는 몸과 마음을 단련[鍛鍊]해서 자연으로 돌아가 신선[神仙]이 되는 것이다.

도[道]라는 말은 원래 도교에서 나온 말인데, 불교가 중국에 전해지면서 도교의 용어를 가져다 쓰게 된 것이다.

기독교인 기독의 가르침은 유일신[神]을 근본[宗]으로 하고, 예배와 찬양으로 도[道]를 삼는다.

그 목적은 원죄를 사하고 구원을 얻어 하늘나라에
가는 것이다.

천주교인 천주의 가르침은 하늘[天]을 근본[宗]으로
하고, 미사와 섬김으로 도[道]를 삼는다.
그 목적은 하느님의 은총을 입고 천국에 태어나는
것이다.

소크라테스인 철인의 가르침은 철학을 근본[宗]으로
하고, 사색으로 도[道]를 삼는다.
그 목적은 사물의 의문을 해결하고 지혜를 밝혀서
모든 사물의 이치를 아는 것이다.

불교인 붓다의 가르침은 마음[心]을 근본[宗]으로 삼
고, 깨달음으로 도[道]를 삼는다.
그 목적은 마음을 깨달아 깨달은 이[覺者]가 되어 중
생을 이롭게 하는 것이다.

자각

　부처님은 구원을 약속한 것이 아니라 자각을 일깨우신 분이다. 서양의 릴리젼(Religion)이 종교가 된 것은 일본 학자들의 오역에서 비롯되었다.

　서양의 모든 분야의 학문이 근대 일본 학자들에 의해서 번역이 되었는데, 이 과정에서 동양의 한문 용어의 광의적 의미가 축소되고 왜곡되는 문화적 오류가 발생하게 된 것이다.

　동양의 종교와 서양의 신교[Religion]의 차이를 명확히 알아야 한다.

나는 이제 부처님 가르침대로 법을 등불 삼고 나를 등불 삼아 깨어있는 마음으로 살겠습니다.

나는 이제 부처님 가르침대로 법을 의지처로 나를 의지처로 삼아 열려있는 마음으로 살겠습니다.

나는 이제 부처님 가르침대로 언제 어디서나 주체적 자각을 통해 소통하는 마음으로 살겠습니다.

아침에 일어나 스스로 이렇게 살겠다는 다짐이 무엇보다 중요하다.

주인

부처님께서 탄생하시던 날 "하늘 위와 하늘 아래 내가 가장 높다"고 하신 선언은 나로 하여금 많은 것을 알게 해 주셨습니다.

첫째, 인간의 본성은 가장 존귀하고 평등한 것임을 알게 해 주셨습니다.

둘째, 인간의 본성은 끝없는 능력을 지니고 있음을 알게 해 주셨습니다.

셋째, 나의 주인은 바로 나임을 알게 해 주셨습니다.

넷째, 나의 운명은 누구에게 의존하거나 원망할 것이 아님을 알게 해 주셨습니다.

다섯째, 나의 미래는 오늘의 내가 이룩하는 것임을 알게 해 주셨습니다.

하늘과 자연은 사람 편이 될 수 없다. 사람만이 사람 편이다. 서로 사랑하고 미워하지 말자.

유일

　나의 주인은 바로 나다. 누가 나를 대신할 수 있겠는가? 하늘 위 하늘 아래 내가 가장 존귀하다.

　세상에 못난 사람이 누가 있을까? 잘난 사람도 참 드물다. 잘난 사람은 전후좌우 상하 간에 그 삶이 아름다워야 한다.

　'천상천하 유아독존!' 인간의 또는 자아의 존귀성을 천명한 불교의 대표어이다. 나는 지구상에서 나보다 잘난 사람은 어디에도 없다고 생각한다. 정말 나는 잘났다.

　그러나 나라는 게 어디 나에게만 있는가? 모든 존재는 다 잘났다. 정말 잘났다. 그런데 자신이 정말 잘났는데 그걸 모르는 못난 사람이 있다.

자신의 존귀성을 자각해야 한다. 잘난 사람은 상대의 잘남도 인정할 줄 아는 사람이다.

　　천상천하 유아독존! 부처님의 위대한 인간 선언이시다.

마음

불자라면 꼭 알아야 할 다섯 가지 마음이 있다. 초발심에 문득 정각을 이루는 장한 마음이다.

불심佛心, 부처님 마음, 불자의 마음이다.
나와 우주와 부처님이 하나 되는 마음이다. 아무개 불자는 불심이 참 깊다.

신심信心, 불심을 믿는 굳건한 마음이다.
신심은 생겼다, 없어졌다 하는 것이 아니다. 아무개 불자는 신심이 정말 장하다.

초심初心, 처음 마음처럼 변함이 없어야 한다.
처음 마음은 용감하고 순수하다.

발심發心, 날마다 새롭게 하는 마음이다.
늘 새로운 마음으로 하루를 시작하는 마음이며, 초심이 정각이 되도록 물러남이 없는 마음이다.

선심禪心, 마음 공부하는 마음이다.

선은 우리의 마음자리이다. 이 다섯 가지 마음을 지닌다면 행복한 불자이다.

중요한 마음이 하나 더 있다.

하심下心, 나를 낮추고 자만을 내려놓는 마음이다. 미움받을 용기만이 아니라 때로는 남에게 무시당할 용기도 있어야 한다.

어떠한 조건일지라도 자신의 자발적 허용은 참으로 아름답다.

야운선사 《자경문》에 "무릇 하심下心 하는 자에게는 만 가지 복이 저절로 돌아올 것이다. [凡有下心者 萬福自歸依]"라 하였으니 오만 가지 마음 가운데 하심이 으뜸이라 할 것이다.

휴휴

불佛, 불교에서 추구는 최고 최상의 인간상이다. 중국에 불교가 전해지자 부처님을 나타내는 글자를 만들어야 했다.

사람 인人 그리고 옆에 아닐 불弗을 합쳐 사람이라고 하기에는 너무나 뛰어난 분이라 해서 사람이지만 사람이 아닌 분이라고 부처님 불佛 자를 만들었다.

선仙, 도교에서 추구하는 최상의 인간상이다.
역시 사람이라 하지 않고 신선이라고 부른다. 산에 의지해서 신선이 되는 도를 닦으면 된다.

인仁, 유교에서 말하는 사람의 최상의 덕목이다. '어질다'라는 것은 유교에서 가르치는 최고의 가치이다. 두 사람 이상의 공동체에서 갖추어야 할 꼭 필요한 윤리이다.

속俗, 골짜기에서 본능에 충실한 사람이다. 속인이라고 하면 좋은 표현은 아니다. 하지만 우리 주변에는 속인이 참 많다.

승僧, 교양이 조금 없는 이들은 승이라 부른다. 그래도 세 가지 보물에 당당히 들어 계신다. 사람 인[人]＋일찍 증[曾] 일찍 철이 들어서 불도를 닦기 위해 속을 떠난 기특한 분들이다.

휴休, 나무 옆에서 도 닦는 사람이다.
휴! 마음 명상으로 힐링하는 중이다. 보는 사람에 따라서 달리 보일 수도 있겠지만 내 눈에는 그렇게 보인다.

정停, 정자에 사람이 머물러 있다.
길을 가다가 정자를 만나면 잠시 머물고 싶은 생각이 들 것이다. 염불은 삶의 쉼터이다.

사람

사람 위에 사람 없고 사람 밑에 사람 없다. 사람만큼 확실한 존재가 또 있을까 사람이 세상의 유일한 희망이며 영원한 주인이다.

양심 있는 사람, 자신을 알고 겸손할 줄 아는 사람 그래서 가슴이 따뜻한 사람, 책임질 줄 알고 이웃을 사랑하며 나눌 줄 아는 사람.

사람을 위하고 양보할 줄 아는 사람, 타인의 허물도 너그러이 덮을 줄 알고 타인의 기쁨을 진심으로 함께 할 줄 아는 사람, 진리를 깨닫고 실천할 줄 아는 사람 진정한 행복은 오직 사람이 만든다는 이치를 깨달은 사람.

그런 사람이 바로 행복한 사람이고 부처님이다.
이 시대에 가장 위대한 발견은 인간의 태도에 의해서 세상이 달라질 수 있다는 것이다.

황금률

모든 일에는 나름의 황금률이 있다. 어쩌면 부처님 가르침이 바로 그것일 것이다. 일·건강·관계·대화·언어·행동 등등.

나누면 반드시 돌아올 것이 생기고 기다리면 기다린 보람이 있을 것이며, 받아들이면 받아들인 만큼 마음이 편안하게 된다.

익혀라! 익을수록 진국이 될 것이고, 비워라! 비울수록 반드시 채워질 것이며, 깨달으면 그만큼 삶이 명확해질 것이다.

인과는 한 치의 오차가 없다. 부메랑이 결국 돌아오듯이 아무 생각 없이 한 사소한 말이나 행동이 바로 따라오는 경우가 있었을 것이다.

내 삶의 황금률을 찾아라! 그러면 인생이 황금으로 빛날 것이다. 마음 명상은 불교 수행의 황금률이다.

우주

우주를 이루고 있는 5물이 있다.
광물 · 식물 · 동물 · 인물 · 신물이 그것이다.

내 몸을 이루고 있는 뼈대는 광물이다.
혈관이 구석구석 관통하고 있다.
내 몸의 손과 발 체모 등은 식물이다.
광물보다는 움직이는 기능이 있다.
내 몸의 전체적인 모양은 동물이다.
특히 몸을 감싸고 있는 살덩이가 그렇다.
내 몸 가운데 얼굴은 바로 인물이다.
그래서 인면수심이라는 말도 있다.
이쯤 되면 신물은 답이 나온다.
두뇌가 신물이다.
인간의 뇌야말로 우주에 있는 유일한 신물이다. 인
간이 섬기는 온갖 신이 뇌 속에 존재한다. 두뇌에서
이 부위를 제거하면 신은 사라진다.

내 몸 안에는 무수 억의 미물이 있다.

이러한 몸은 그대로 영물이다.

몸을 사랑하고 정성으로 섬겨야 한다. 신통과 기적
이 이 안에 있지 딴 데 있는 것이 아니다.

도량

도량이란 수행처를 이르는 말이다. 내가 수행해야 할 곳이란 바로 몸이다. 몸이 도량이다. 몸을 떠나 수행처는 따로 없다.

'탐욕'은 몸을 근거로 일어난다. 색신色身의 무상을 보고 탐욕을 멀리해야 한다.

'분노'는 입을 통해 나온다. 입은 화의 문이니 말을 걸러야 한다.

'망상'은 마음에서 일어난다. 깨어있는 의식으로 몸과 입과 생각을 살펴야 한다.

몸과 입과 마음에서 탐욕·분노·망상의 잡초를 제거하는 것이야말로 진정한 수행이다. 아는 만큼 행하고 행한 만큼 기쁨을 거두는 것이다.

불교는 미래를 기약하는 종교가 아니다. 지금 탐욕
을 더는 만큼 삶이 가벼워지고 말을 조심하는 만큼 불
화가 줄어든다.

진리가 너희를 자유롭게 하리라. 맞는 말이다. 아는
만큼 밝아지고 밝아지면 통한다.

법계

  내 몸이 우주이고 도량이며 법계이다.
  몸 안에 금강[뼈대]이 있어 집금강신이고, 몸이 그대
로 우주라 신중신이다.

  몸이 움직이니 족행신이고 족행신이 도량을 거니니
도량신이며, 도량이 성곽 안에 있으니 주성신이다.

  성곽이 땅에 있으니 주지신이고 땅에 산이 있으니
주산신이며, 산에는 숲이 있으니 주림신이다.
  수풀 속에는 약풀과 곡식이 있어 주약신과 주가신이
있다.

  풀과 곡식이 자라는 곳에 물이 흐르는 하천이 있어
주하신이 있으며, 하천이 흘러 바다로 모이니 주해신
이고 바다에 물이 있으니 주수신이며, 물은 불을 만나
야 하니 주화신이다.

불이 바람으로 일어나니 주풍신이고 바람은 허공을 지나니 주공신이며, 허공에는 방위가 있어 주방신이다. 그리고 밤이 있어 주야신이고 낮이 있으니 주주신이 있다.

밤에는 월천자요 낮에는 일천자이다. 낮을 잘 살려면 밤을 잘 보내야 한다.

《화엄경약찬게》는 우리 몸을 말하고 있다. 몸이 우주며 법계며 비로자나불이라고!

몸에 있는 무수 억의 세포는 내가 제도해야 할 중생이다. 세포 하나하나가 법문을 들으니 활발발 생기가 돈다.

법당

　따지고 보면 몸이 시작이고 몸이 끝이다. 몸을 알아야 한다. 수행은 몸을 떠나 있지 않다. 수행 공간은 몸이고 수행 시간은 바로 지금이다.
　우주는 법신이며 우주는 몸이다. 우주와 몸을 이루고 있는 비밀을 알아야 한다.

　문수보살은 큰 지혜이니 우주의 밝은 두뇌이고, 보현보살은 큰 실천이니 법신의 튼튼한 다리이다. 관음보살은 큰 자비이니 우주 법신의 자상한 손이고, 지장보살은 대원본존이라 하니 법신인 우주의 뜨거운 심장이다.

　우리 몸속의 수억의 세포는 바로 중생이다. 중생이 깨어나야 세상이 밝아지듯이 세포 하나하나가 깨어있어야 우주인 내가 밝아지는 것이다.
　염불은 몸의 세포를 일깨우는 탁월한 명상이다. 세포가 깨어나야 한다. 명상 영험이 바로 여기에 있다.

성소

　몸은 성소聖所가 될 수도 있고 삼독의 집합소가 될
수도 있다. 몸을 이루고 있는 네 가지 요소가 있다.
사대四大라 하며 흔히 몸을 사대육신이라 한다.

　지수화풍地水火風이 그것이다.
　몸의 딱딱한 것은 흙의 성분이니 흙은 지장보살의
전신이고. 몸의 묽은 것은 물의 성분이니 물은 지혜의
상징 문수보살이다.
　몸의 따뜻한 기운은 불의 성분이니 불은 바로 자비
의 상징 관음보살이고. 몸의 드나드는 공기는 바람 성
분이니 바람은 실천의 상징 보현보살이다.

　이 몸을 어찌 소홀히 할 수 있겠는가?
　성불도 이 몸으로 하는 것이고 지옥의 고통도 이 몸
으로 하는 짓이다. 염불은 몸을 성역화하는 가장 큰
불사이며 장엄이다.

사대

우주와 몸을 만드는 네 가지 요소가 있는데, 地·水·火·風 四大가 그것이다. 이 네 가지 요소는 아래에서부터 순서대로 이루어진다.

'風'은 바람으로 움직이는 동력을 말한다.
그 동력은 '火'불을 만들고, 뜨거운 불과 차가운 바람이 '水'물을 만들며, 뜨거운 불이 물을 끓이고, 차가운 바람이 끓는 물을 식히면 '地'땅이 되고 몸이 되는 것이다.

우리 몸은 작은 우주다.
내 몸도 우주와 같이 부와 모의 바람으로 따뜻한 기운인 불이 일어나고, 그 불은 끈적한 물을 남겨 그 물이 생장하면서 딱딱한 뼈대와 물컹한 살을 이루게 되는 것이다.

이같이 지·수·화·풍 사대로 이루어진 몸은 인연이 다하면 온 곳으로 돌려보내야 한다.

　먼저 움직임[動轉]이 멈추면 바람이 돌아간 것이고, 움직임이 사라지면 따뜻한 기운[暖氣]인 불이 돌아간 것이며, 따뜻한 기운이 사라지면 묽은 것들인 물이 돌아간다.

　그동안 움직이는 바람과 그로 인해서 발생하는 따뜻한 기운인 불로 인해서 유지되던 물컹한 것들인 물이 빠지고 또 빠지고 나면 딱딱한 뼈대만 남을 것이니 마지막으로 돌려보내는 것이 地, 바로 흙이다.

　지·수·화·풍 사대로 이루어진 몸은 본래 허망한 것이다. 고, 공, 무상, 무아의 네 가지 사실인 진리야말로 중생에게 해탈을 이루게 하는 진실한 가르침이다.

경전

《아함부》경전을 보면서 인성人性을 보았고 유식을 보면서 심성과 업성業性을 알았으며
《금강경》을 보고 업성이 공성空性임을 알았다.

《기신론》을 보고 공성이 진성眞性인 줄 알았고
《원각경》을 보면서 진성이 각성覺性임을 알았으며
《법화경》을 통해 각성이 佛性임을 알았다.

《화엄경》에 오니 불성이 다시 법성法性이 되었다. 불성은 유정만을 아우르지만 법성은 유정 무정을 총체적으로 포함하는 말이다.

《육조단경》을 보고 이 모두를 자성自性이라 함을 알게 되니 결국에는 나의 참 자성이 법성이고 불성이며 각성覺性이라는 말이다.

염불 명상은 바로 자성불을 기르는 수행이다. 원래 없는 것은 백날을 찾아도 얻을 수 없지만 본래 있는 것은 찾기만 하면 될 일이다.

품격

성품 성性 자는 불교와 인연이 깊다. 견성성불見性成佛이라 하지 않는가.

'성품性品'에는 진품과 모조품이 있다. 성품이 참으로 훌륭하십니다! 상등급의 상품도 있고, 하등급의 품수도 있다.

'성질性質'에는 선질과 악질이 있다. 성질이 참 뭐하시네요! 막가는 질도 있고 손질 잘한 질도 있다.

'성격性格'에는 미격과 추격이 있다. 성격이 참 좋아요! 탐나는 격이 있고 멀리하고 싶은 격이 있다. 성질은 그렇게 좋게 쓰이는 것 같지 않다. 그래도 성격은 긍정적인 표현에 쓰인다.

서양 철학에서 지향하는 최고의 가치가 진·선·미
眞善美이다. '참 진·착할 선·아름다울 미' 부처님은
참사람이고 부처님 법은 착한 법이며, 부처님을 따르
는 불자는 아름다운 사람이다.

개요

흔히 지식은 무능할 때가 많다. 알면 지식이고 깨달으면 지혜이다. 지식은 망각하고 오류가 발생하기 쉽지만 깨달음은 세월이 갈수록 더 빛이 난다.

지식은 뻔히 알면서도 실천하고는 무관하다. 그러기에 해결해야 할 온갖 문제를 풀지 못하고 오늘도 많은 문제를 안고 힘겹게 살고 있다.

깨달으면 지혜가 밝아져서 문제가 보인다. 따라서 실천이 저절로 이루어지기 때문에 문제에서 벗어나 자유롭게 삶을 디자인할 수 있다.

풀어야 할 문제란 무엇인가? 고苦다. '고苦'란 불교의 독특한 문제 인식이다. 불교는 우리가 안고 있는 모든 문제를 '苦'라고 한다.

세인들이 가장 많이 오해하고 피하려고 하는 불편한 진실의 네 가지 진리가 있다. 고苦·공空·무상無常·무아無我이다.

이 네 가지는 가장 확실한 진리임에도 불구하고 네 가지가 없는 네 가지로 오해받고 있다. 지식은 이 문제를 해결하지 못한다.

깨달아야 한다. 깨달음만이 문제를 해결할 수 있다. '고苦'를 해결할 수 있다는 말이다. 苦·空·無常·無我 꼭 기억해 두기 바란다.

안다는 것은 머리로만 아는 것을 말하고 깨닫는다는 것은 몸으로 아는 것을 말한다. 생각만 가지고는 해결이 어렵다. 몸으로 부딪치고 몸으로 해결하려는 지혜가 있어야 한다.

공성

진리라고 자부하는 네 가지가 있다.

불교의 이러한 가르침은 신의 계시나 초월적 교리를 말하는 것이 아니다.

낱말을 익히고 조금만 사유하면 누구나 이해할 수 있는 상식이지만 오해가 많다.

먼저 '고苦'다. 괴로움·고통·고해·고뇌 등이라 하지만 불교에서 '고苦'라 하면 현실에서 발생하는 모든 문제를 그렇게 말한다. 우리는 태어날 때 이미 문제를 가지고 난다. 문제가 없다면 태어날 일이 없다.

태어나서 할 일은 주어진 문제를 푸는 일이다. 그러나 무지한 인생은 끝없이 다른 문제를 만들며 살아간다. 나에겐 분명 문제가 있다. 그게 바로 고다. 고에 대한 오해가 없기 바란다.

둘째는 '공空'이다. 공은 만물의 본질적 관찰이다. 공은 아무것도 없는 것을 말하는 것은 아니다. 빈 병 그럴 때 병이 없다는 얘기가 아니다. 빈집도 마찬가지다.

　고품 뿐만 아니라 공에 대해서도 너무 많은 오해를 한다. 문제 즉 고품는 이 공을 깨닫지 못한데서 발생한다.

　깨닫지 못하면 믿기라도 해야 하는데 역시 지혜가 없다 보니 믿지도 못한다. 지식만으론 이해하기 어렵다. 부처님 말씀을 그대로 믿고 받아들여 만물의 '공성空性'을 깨달아야 한다.

무아

셋째는 무상無常이다. 만물의 시간적 현상이다. 세상을 부정하고 물들이기 위해서 하는 말이 아니라 사실이며 꼭 알아야 하기에 하는 말이다.

역시 지식만으로는 한계가 있다. 깨달으신 분의 말씀이기 때문에 지혜가 있어야 한다. 믿음이라도 있어야 한다. 공감하고 인정하라! 그러면 삶의 지혜가 될 것이다.

마지막은 무아無我이다. 만물의 공간적 상황이다. 빈 병 빈집의 예와 같이 내가 없다는 말이 아니다.
다만 나란 나에게만 있는 것이 아니란 말이다. 만물은 누구를 막론하고 인종과 피부색을 떠나서 만인이 평등하게 나를 가지고 있다.

나만이 내가 있다는 무지한 착각 속에 있기 때문에 문제 해결이 어려운 것이다. 고뇶는 우리가 풀어야 할 문제다.

문제의 원인은 공·무상·무아의 사실을 깨닫지 못하고 미혹한 데에 있다.

네 가지 가운데 한 가지는 문제이고, 나머지 세 가지는 문제를 푸는 열쇠라는 말이다.
열쇠를 공감하고 인정하라! 그러면 삶이 한결 수월해질 것이다.

문제

나에게 주어진 여덟 가지 문제가 있다. 숙명의 문제 네 가지를 '사고四苦'라고 하고, 운명의 문제 네 가지를 더하여 '팔고八苦'라고 한다.

무슨 문제가 이리도 많은가 하겠지만 살아가는데 여덟 가지 문제뿐이겠는가. 먼저 숙명의 문제이다.

생고生苦, 태어나서 살아감의 문제이다.
세상에서 가장 큰 문제는 살아감의 문제이다. 살고 있기 때문에 갖가지 문제가 있는 것이다. 숙명이란 어떻게 해볼 수 있는 문제가 아니다.

노고老苦, 늙어감의 문제이다.
순리에 따라 자연스럽게 늙어감을 기뻐해야 한다. 인위적인 행위를 더하여 손을 댄다면 노년의 아름다움을 잃게 될 것이다.

병고病苦, 병들어감의 문제이다.

지금의 청춘도 늙고 언젠가 병도 찾아올 것이다. 앞서 말했듯이 꽃이 진 후에 무상을 안다면 늦다. 닥쳐서 아는 것은 아무 소용이 없다.

사고死苦, 죽어감의 문제이다.

미리 알아야 한다. 미리 대비해야 한다. 꿈 · 空 · 無常 · 無我의 진리를 알아야 한다. 그러면 문제가 문제도 아니다.

인생

태어나면서 주어진 문제가 있지만 살면서 생기는 문제도 있다.

애별리고愛別離苦, 사랑하는 사람과 헤어져야 하는 문제이다. 만나면 헤어지는 것도 자연스런 이치이다. 그러나 깨닫지 못한 사람에게는 문제가 크다.

원증회고怨憎會苦, 미운 사람과 마주해야 하는 문제이다. 본래 미워하고 원망할 것도 없건만 공의 이치 무상의 도리를 깨닫지 못해서 문제가 되는 것이다.

구부득고求不得苦, 구하여도 얻지 못하는 문제이다. 하고 싶은데 보고 싶은데 그러지 못하는 문제이다. 마을에 살다 보면 어쩔 수 없는 문제이다.

오음성고五陰盛苦, 몸과 마음이 내 뜻대로 되지 않는 문제이다. 버리고 싶은데 버리지 못하고 하고 싶지 않은데 해야만 하는 문제도 있다.

세 가지 수행 즉 자제력[戒] 집중력[定] 지혜력[慧]
을 닦아야 한다.

문제를 문제라고 분명하게 깨달으면 문제가 있다 하
더라도 큰 문제가 되지 않는다. 하지만 깨닫지 못한다
면 문제가 심각하다.

아는 것만으로는 결코 문제를 해결할 수 없다. 문제
를 해결하기 위해서는 깨달아야 한다.
고苦 · 공空 · 무상無常 · 무아無我 깨달음은 멀리
있지 않다.

믿음

'사고와 팔고'를 통해서 풀어야 할 문제를 알았을 것이다. 보통은 문제가 터져야 안절부절 인식하게 된다.

부처님 가르침은 사후 처방전이 아니다.
문제가 발생하기 전에 잠재된 원초적인 무지를 인식하고 지혜를 닦아야 한다. 어떻게 일어나지도 않은 문제를 알까?

부처님은 깨달으신 분이다.
결과를 보면 원인을 알고, 원인을 보면 결과를 뻔히 안다. 염불이 예방이다. 오로지 인생을 말씀하신 깨달음의 지혜를 공감하고 인정하며 믿고 따라야 한다. 일상이 명상이고 명상이 염불이 되어야 한다.

문제는 공·무상·무아의 진리를 오해한 데서 생긴
다. 일체개공·제행무상·제법무아 자체가 명상이
다. 호박 심어놓고 수박이 열리기를 기도한다고 되겠
는가? 모든 씨앗이 마음자리에 있다. 마음 명상은 좋
은 씨앗을 틔우는 거름이요 물이다.

공식

모든 것에 공식이 있고

공식을 알면 쉽다

구원은 하늘에 있는 것이 아니라

자신의 마음가짐에 있다

업설

　불교는 바르게 두루 알아 밝게 깨닫는 것으로 그 목적을 삼는다. 왜 깨달음인가? 그래야 삶이 온전해지기 때문이다.

　불교에 입문하기란 쉽지 않다. 반가운 인사도 친절한 안내도 없다. 눈치껏 살아남으면 스스로 불자가 된다.

　불자가 되기 위한 이런 용감한 과정을 유아원 과정이라 할 수 있다. 따라만 해도 되는 단계이다. 공부는 이제부터 한다. 세 가지 행위 · 세 가지 독소 · 세 가지 수행 등 행위에 관한 교설을 '업설業說'이라 한다.

　삼업 · 오계 · 십계 · 십선업 등 '업業'에 관한 부처님의 가르침이다. 불교 수행에 매우 중요한 교설이다.
　이제 초등과정에 들어선 것이다. 기초를 탄탄하게 세워야 한다. 사람은 무엇으로 사는가를 배우는 단계이다.

삼업

　사람은 무엇으로 사는가? 이 답을 알았다면 초등과정의 단계를 마친 것이다. 불교는 모든 질문에 명확한 답을 가지고 있다.

　그리고 항상 정답은 둘이 될 수 없다. 사람은 무엇으로 살까 사랑으로 돈으로 명예로 생각할 수도 있다. 정답은 아니다.

　우선 내가 있어야 하기 때문이다. 내가 없는 데야 사랑 돈 명예가 무슨 소용이겠는가! 불교는 늘 근본을 답으로 한다.

　정답은 세 가지 행위[三業]로 산다. 몸[身]으로 입[口]으로 마음[意]으로 사는 것이다. 몸이 있어야 사랑도 하고 돈도 벌고 하는 것이다.

'세 가지 독소'로 몸과 입과 생각으로 나쁜 업을 짓고 '세 가지 수행'으로 몸과 입과 생각으로 도를 이루는 것이다.

무엇으로 사는가를 알았다면 이제 어떻게 살 것인가를 익혀야 한다.

의문

먼저 불자가 알아야 할 세 가지 의문이 있다.

1. 세계를 누가 만들었나?
2. 세계는 어떻게 이루어졌나?
3. 우리는 어떻게 살아야 하나?

염불 명상을 할 때는 불교의 다양한 교리를 명료하고 정확하게 아는 것이 중요하다.

부처님은 깨달으신 분이고 우리는 단지 알 뿐이다. 우리가 알고 있는 것을 부처님은 깨달았단 얘기다.

어떤 차이가 있을까? 하늘과 땅 차이다. 문제 해결은 아는 것만으로는 안 된다. 깨달아야 한다.

자신의 힘으로 안 되면 깨달은 분의 말씀을 전적으로 인정하고 공감하며 수용해야 한다.

우리가 깨달아야 할 문제는 2번 문제이다. 2번 문제를 바르게 알았다면 이어서 3번 문제도 찬찬히 닦아 가야 한다.

인연법

1번 문제는 중요한 문제가 아니다. 이미 성의 없는 작품임이 드러난 것이다.

2번 문제는 매우 중요하다. '인연생기因緣生起'이 세계는 어떻게 이루어졌는가? 부처님은 법으로 이루어졌음을 깨달으셨다.

그 법이 바로 '인연생기법'이다.

인연법·연기법·연생법은 같은 말이다. 조건에 의해 존재하다가 조건이 사라지면 존재도 없어지는 것이다. 모든 존재는 인연에 의해 발생하고 인연이 흩어지면 소멸하는 것이다.

이것이 있으므로 저것이 있고 저것이 사라지므로 이것이 사라진다. 내가 있으므로 당신이 있을 수 있고, 당신이 사라지면 나도 존재할 수 없다는 엄연한 법칙을 말한다.

부처님은 이렇게 깨닫고 법을 설하시니 부처님 말씀을 설법이라 하는 것이다. 조건을 사랑해야 한다. 내 몸처럼…

자비

석가모니 부처님이 머무는 세계는 사바세계이다.

사바를 감인堪忍이라 하니 견디며 참는 세계라는 말
이다.

아미타 부처님이 계시는 세계는 극락세계이다.

극락은 안양이라 하니 편안하게 길러지는 세계라는
말이다.

감인 세계가 무엇인가 힘겹게 이겨내는 세계라면,

안양세계는 무언가 애쓰지 않아도 되는 세계인 것이
다.

미륵 부처님이 오실 세계는 용화세계이다.

용화는 용 꽃이 피는 세계이다. 미륵 부처님의 성이
자씨이다. 부처님 성씨가 '자비'씨라는 것이다. 용 꽃
은 다름 아닌 자비의 꽃이다.

자비가 무엇인가?

만물을 내 몸처럼 사랑하는 마음 아닌가. 사바세계 중생이 꿈꾸는 세계는 안양세계이며 사랑의 꽃이 피는 용화세계이다. 염불은 중생 내면에 잠재된 자비의 씨를 발아시키고 사랑의 꽃을 피우는 명상이다.

사실

 불교는 믿음이 아니라 원력이어야 한다.
 원력이란 부처님을 뵈면[見佛뵐 견, 부처님 불] 나
도 부처님 같은 사람이 되어야겠다고[思齊생각할 사,
가지런할 제] 굳게 먹는 마음을 말하는데 그것을 원력
이라 한다. 이같이 불교는 믿음이 아니라 간절한 생각
굳은 원력으로 출발해야 한다.

 불교는 소망이 아니라 지혜라야 한다.
 법을 배워 알고 탐구하여 지혜를 터득하여 누가 뭘
해주기를 바라는 것이 아니라 내가 원력과 지혜와 자
비심으로 직접 이루는 것이다.

 지혜를 터득하는 데는 사실을 사실대로 받아들이는
것에서 시작한다. 불교에서 말하는 진리는 누구도 부
정할 수 없는 너무나 사실적인 사실이다.

불교는 사랑이 아니라 자비이어야 한다.

사랑이 할 수 있는 건 문제를 낳을 뿐이다. 사랑은 인류를 구원할 수 없다. 인류를 구원할 수 있는 사랑은 자비심뿐이다.

구원

　간절한 생각과 투명한 지혜에 의해서 형성되는 인품으로 자비심을 함양해야 한다. 자비심은 사실을 사실대로 알 때 비로소 갖는 가장 넓은 마음이다. 자비심에는 원망이나 상처 아픔이 없다.

　모든 것의 사실을 사실대로 알게 되면 가슴이 열리고 마음이 확장되어 밝아진다. 사실이 왜곡되거나 거짓된 교리에 눈이 멀면 도저히 갖출 수 없는 위대한 마음이 바로 자비심이다.

　사랑이 없는 세상은 그저 따분하겠지만, 자비가 없는 세상은 무자비한 세상이 되고 만다. 사실을 알아야 한다. 죽음을 알고 무상을 사실대로 알면 자비 · 지혜 · 원력이 더욱 확장될 것이다.

고 · 공 · 무아 · 무상 등 가르침은 믿음을 전제하는 종교적인 말씀이라기보다 사실을 탐구하는 과학에 가깝다. 자주 명상하여 사실을 사실대로 알아차릴 때 나를 구원하는 것이다.

상식

불교는 상식이다. 몰상식은 불교가 아니다. 불교를 알면 세상의 이치가 보인다. 진리란 가장 상식적인 것을 말한다.

춘하추동春夏秋冬, 계절의 순환이다.

봄인가 하면 여름이다. 더위가 기승을 부릴 쯤 가을이 온다. 긴 겨울 끝자락에 다시 봄이 시작한다.

생노병사生老病死, 인생의 순환이다.

태어나서 늙으면 병이 찾아오고 그러면 죽는다. 불교는 사실 여기서 출발한다. 이건 상식이다. 태어날 때 잘 태어나야 한다. 그러자니 도를 닦고 염불 명상하는 것이다.

생주이멸生住異滅, 생각의 순환이다.

생각이란 마음으로 하는 작용이다. 한 생각이 일어
나면 잠시 머물면서 차츰 지속하다가 어느 순간 변이
하게 되며 그러다 사라지고 만다. 또 한 생각이 일어
나서 머물다가 변해서 사라진다.

염불명상念佛冥想, 불교 수행의 전부이다.

생·주·이·멸하는 생각을 잘 알아야 한다. 모든 일
은 생각에서 출발한다. 좋은 생각으로 시작하면 좋은
결과가 있고, 나쁜 생각으로 출발하면 그 결과는 뻔하
다.

이건 상식이다. 불교는 상식에서 이해하고 상식으로
닦아야 한다. 상식이 통하는 세상이 극락세계이다.

현실

불교는 미래를 기약하는 종교가 아니다. 지금 여기서 지혜를 밝혀서 내 앞의 문제를 내가 해결하는 것이다. 따라서 비현실적인 것도 불교가 아니다. 불교를 알면 미래가 보인다.

흥망성쇠興亡盛衰, 만사의 순환이다.
흥하면 망하고 성하면 쇠한다. 변하지 않는 것이 어디 있겠는가? 그래서 있는 사람은 경계해야 하고, 없는 사람은 희망을 말한다.

성주괴공成住壞空, 우주의 순환이다.
우주 공간에 영원한 것은 아무것도 없다. 순간순간 끝없이 생성하고 소멸하는 것이 우주의 법칙이다. 이 가운데 하나 변하지 않는 물건이 있으니 바로 마음이다. 그 마음을 깨닫는다면 부처님이라 할 것이다.

과현미래過現未來, 세월의 순환이다.

내일은 오늘이 되고 오늘은 어제가 된다. 지난 과거 때문에 오늘을 불행하게 산다면 참으로 어리석은 사람이다.

미래는 지금 현재 내가 만드는 것이다.

염불 명상은 그래서 중요하다. 고령 사회에 언젠가 시간을 보내는 것이 아니라 견뎌야 하는 시절에 안심하고 입명할 곳을 찾아야 한다.

사람

세상에는 세 종류의 사람이 있는데, 알고 사는 사람과 모르고 사는 사람과 잘못 알고 사는 사람이 그것이다.

알고 사는 사람 가운데도 야무지게 아는 사람이 있고, 어설프게 대충 알고 사는 사람이 있으며, 안다고 착각하고 사는 사람도 있을 것이다.

모르고 사는 사람 가운데도 자신이 모른다는 사실을 인정하고 알려고 노력하는 사람이 있고, 자신이 뭘 모르는지도 모르고 사는 사람이 있으며, 모른다는 걸 알지만, 알아보려고 하지 않는 사람도 있을 것이다.

우리가 잘못 알고 사는 것이 어디 한두 가지이겠는가? 모든 지식과 지혜가 스마트폰에 있다고 굳게 믿고 사는 사람도 있을 것이다.

준비

불교는 결코 초월적이거나 이상 세계를 설하는 종교가 아니다. 초월적 신을 말하는 것도 아니고 어떤 초월적 경지를 말하는 것도 아니다.

불교는 인생이다. 불교를 알면 인생이 보인다. '생生' 태어나고 '노老' 자라면서 성장하여 늙어가고 '병病' 질병으로 신음할 수도 있고 '사死' 결국에 언젠가는 죽음을 맞이하게 된다.

이게 인생이다. 불교는 여기서 출발한다. 어떻게 태어나야 하는가? 어떻게 노후를 맞이할 것이며, 질병과 죽음에 어떻게 준비해야 할 것인가?

깨달으신 부처님을 통해 이런 인생을 알고 나의 인생을 지금 현재보다 행복하게 지혜롭게 바르게 향상해 가는 종교이다.

지금 이 순간 내가 생각하고 말하고 행동하는 모든 행위가 미래의 결과로 나타나는 것이다. 순간순간 마음을 챙기고 입을 모아 삶을 명상해야 한다.

원력

서양 종교에 믿음 · 소망 · 사랑이 있다면 불교에는 자비 · 지혜 · 원력이 있다. 불교는 아는 바와 같이 자비의 종교이며 지혜의 종교이다.

원력은 낯설지 모르겠지만 대승불교의 핵심이다. 그래서 불교는 원력이라고 한다.

《반야심경》은 관세음보살의 지혜가 주제이고 《관음경》은 관세음보살의 끝없는 자비가 주제이다. 지혜를 말할 때는 관자재보살이고 자비를 드러낼 때는 관세음보살이 되는 것이다.

《천수경》은 바로 관세음보살의 원력을 나타낸 경전이다. 물론 천수경에 지혜도 있고 자비도 있다. '광대하고 원만하며 걸림 없는 대비심의 경전'이 천수경의 긴 이름이다.

《화엄경》에서는 자비·지혜·원력을 등잔불에 비유하였는데 자비는 등불의 심지이고 지혜는 불빛이며 원력은 등불을 밝히는 기름이다. 원력이 없으면 불을 밝힐 수가 없다.

원력이 없으면 불을 밝힐 수 없는 등잔과 같다. 《천수경》을 왜 관세음보살의 원력이라 하는가?

《천수경》은 대다라니·참회진언·준제진언 크게 세 장으로 나눌 수 있는데 진언을 제외하면 모두가 발원문이다. 천수경 제11장 사홍서원은 모든 발원의 총괄이다.

보살은 원력으로 인생을 살고 중생은 욕심으로 세상을 산다. 보살의 원력은 큰 욕심이다. 혹자는 불교 하면 욕심을 버리는 가르침이라고 생각할지 모르지만 그건 아니다.

나와 우리를 위한 작은 욕심은 버리되 중생을 위한
대비 원력의 크낙한 욕심은 버리면 안 된다.

　염불 명상의 뼈대는 원력에 있다. 간절한 원을 세우
고 염불 명상 정진하면 반야 지혜가 밝아지고 자비의
꽃이 만발할 것이다.

욕망

　욕망에는 두 가지 기능이 있다. 하나는 타락과 고통을 초래하는 기능이고 하나는 향상으로 나아가게 하는 기능이다.

　바다는 메워도 사람의 욕심은 메우기 어렵단다. 서양 철학자 에리히 프롬은 "탐욕은 사람에게 엄청난 고통을 주는 지옥이다"라고 말했다.
　사람이 오로지 욕망을 충족시킬 생각만 하지 그로 인해 얼마나 후회할 것인가는 생각하지 않는다.

　사람은 누구나 지적 욕구가 있다. 지적 욕구가 충족되면 나머지 욕구는 중요하지 않다.

　불교는 지적 욕구를 충족시켜주는 뛰어난 종교이다. 자아의 가능성을 개발하고 지혜를 밝히는 가르침이다.

욕망을 원력으로 전환해야 한다. 오늘의 쾌락보다 내일의 평안을 위해 정진하라! 구원은 하늘에 있는 것이 아니라 자신의 마음가짐에 있다.

공식

　뭔가를 이해하는데 유용한 것이 공식이다. 공식을 알면 어려운 것도 쉽게 알 수 있다.

　불교도 마찬가지다. 앞으로 하나하나 소개를 하겠지만 여기서는 불교 교리의 다양한 삼종 세트를 그 제목만 소개해 둔다.

　세 가지 보물《염불명상》에 수록한 순으로 적어보면 이렇다.

　세 가지 지혜 문사수 삼혜三慧
　세 가지 보물 불법승 삼보三寶
　세 가지 말씀 경율논 삼장三藏

　세 가지 행위 신구의 삼업三業
　세 가지 독소 탐진치 삼독三毒
　세 가지 수행 계정혜 삼학三學

불자라면 어느 정도 다 안다고 생각할 것이다. 아는 것만으로 부족하다는 것을 인정해야 한다.

부처님은 우리가 알고 있는 것을 깨달으신 분이다. 새로운 것을 깨달은 것이 아니라 누구나 알고 있는 것을 깨달았단 말이다.

그러므로 부처님은 모든 문제를 해결하셨고, 중생은 알고만 있기에 문제를 만드는 것이다.

어느 불자께서 이 말을 듣고 명답을 주셨다. 깨닫지는 못해도 믿기만 하면 된다고 남의 말을 믿는 것이 자기가 깨달은 것만 하겠는가?

근기

　불교를 이해하는 또 하나의 공식이다. 아이를 키우다 보면 성향이 각기 다름을 알 수 있다.

　무슨 일을 하게 할 때 말없이 고분, 고분 하는 아이가 있고 매번 달래서 보상을 약속하고 하는 아이도 있다. 어떤 아이는 말도 안 듣고 바라는 것도 없는 경우이다. 이럴 때는 겁을 줄 수밖에 없다.

　아무런 보상도 없이 잘하는 아이를 상근기라 하고 달래서 겨우 하게 하는 아이는 중근기라 하며, 겁을 주고 힘겹게 하는 아이는 하근기라고 할 수 있다.

　바라는 아이에게는 천국이라는 알사탕으로 달래고, 달래도 안 되는 아이는 지옥이라는 방망이로 겁을 준다.

　부처님은 중생을 크게 상근기 · 중근기 · 하근기로 보고 근기에 따라서 가르침을 설하셨다. 그러니 말씀이 많은 것이다.

보물

불보佛寶, 깨달음을 이루신 부처님 보물이다.
자비도량 통도사에 부처님 사리가 모셔져 있다. 불
교의 교주이고 불자가 믿어야 할 최상의 보물이다.

법보法寶, 진리 말씀이 담긴 경전 보물이다.
지혜도량 해인사에 팔만대장경이 모셔져 있다. 불교
의 교리이며 불자가 배우고 닦아야 할 보물이다.

승보僧寶, 말씀을 실천하는 스님 보물이다.
원력도량 송광사에 역대 국사 스님이 모셔져 있다.
불교의 교단이며 불자가 믿고 따라야 할 보물이다.

불·법·승 세 가지 보물뿐 아니라 자신만의 특별한
마음의 보물을 가슴속에 지니고 산다면 어떨까.

삶은 자신의 가치 평가에 따라서 달라질 수 있다.

말씀

경장經藏, 자비하신 부처님의 말씀 꾸러미이다.

부처님 깨달음의 말씀이고 깨우침의 말씀이며, 불자가 깨우치고 부처님 되어가는 말씀이다.

율장律藏, 원력으로 지정된 지침의 말씀 꾸러미이다. 교단의 세세한 문제를 사전에 방지하는 말씀이며, 어둠 속에서 빛으로 안내하는 등불의 말씀이다.

논장論藏, 지혜로 분석하신 논사의 말씀 꾸러미이다. 경전 또는 율전의 말씀을 알기 쉽게 풀어 놓으신 글이며, 요즘 표현으로는 고승의 불교학 논문이다.

불교 경전을 총망라해서 '팔만대장경'이라 하는데 크게 세 가지 꾸러미로 구분하여 '삼장三藏'이라 한다.

세 가지 말씀이 바로 삼장이며, 삼장법사란 세 가지 말씀에 정통하신 고승이란 말이다.

'경장'은 자비불보 그리고 잘 알아듣는 지혜[聞慧]와 하나로 통하고,

'논장'은 지혜법보 그리고 듣고 생각하는 지혜[思慧]와 하나로 통하며,

'율장'은 원력승보 그리고 실천하는 지혜[修慧]와 하나로 통한다.

불교는 참으로 체계적이고 조직적인 종교이다. 공식을 알아야 한다. 정답은 멀리 있지 않다. 멀리서 찾지 말라! 진리는 언제나 이미 가까이 있었다.

지혜

문혜聞慧, 잘 알아듣는 지혜이다.

말귀를 잘 알아듣는 사람이라는 말이 있다. 공부는 듣는 것으로부터 시작한다. '여시아문如是我聞' 불교의 모든 경전은 이렇게 시작한다. 이와 같이 나는 들었다. 아난존자가 부처님 말씀을 듣고 구술한 것이 경전이다.

사혜思慧, 듣고 생각하는 지혜이다.

들었으면 반드시 꼼꼼히 생각해야 한다. 사색하고 사유하고 생각하지 않으면 내 것이 될 수 없다.

수혜修慧, 실천하는 지혜이다.

듣고 보고 읽고 쓰고 생각하라. 그리고 실천하라. 세 가지 지혜는 모든 일에 성공 키워드이다. 어릴 때는 보는 대로 알고 듣는 대로 안다. 좀 크면 아는 대로 보고 아는 만큼 듣는다. 깨달음은 아는 것에서 자유로운 것이다.

아는 것은 실천하기 어렵다. 깨달으면 내가 힘쓰지 않아도 실천이 된다. 들었으면 깨달을 때까지 사유하고 명상해야 한다.

행위

삼종세트 네 번째, 세 가지 행위이다. 삼업이라 하는데 세 가지 행위로 기억해 두기 바란다. 사용하는 언어의 의미를 정확히 해 두어야 한다.

이것 또한 불교를 쉽게 이해하는 데 중요한 공식이다. 애매하거나 두루뭉술한 것은 불교가 아니다. 불교는 명확하고 선명해야 한다.

신업身業, 몸으로 하는 모든 행위이다.
몸이 하는 것이 아니라 몸으로 하는 것이다.

구업口業, 입으로 하는 모든 행위이다.
역시 입이 하는 것이 아니라 입으로 한다.

의업意業, 마음으로 하는 모든 행위이다.
이것 역시 마음이 아니라 마음으로 하는 것이다.

좀 놀랍지 않은가? 몸이 입이 마음이 해야 할 텐데 몸으로 입으로 마음으로 한다니…

그러면 주어는 누구란 말인가? 내가 내 몸으로 내 입으로 내 마음으로 한다. 그러면 나는 누구인가? 분명 몸 · 입 · 마음 밖에 내가 있어야 한다.

생각

모든 행위는 세 가지로 분류할 수 있다. 좋은 행위 · 나쁜 행위 · 좋지도 나쁘지도 않은 행위이다. 여기에 몸으로 하는 행동, 입으로 하는 말, 마음으로 하는 생각이 다 포함된다.

마음으로 생각한다는 말이 이해되는지 모르겠다. 마음과 생각은 혼용되기 쉬운데 이참에 명확히 해 두기 바란다.

생각은 마음으로 하는 행위이다. 마음이 없으면 생각은 없다. 그러나 생각이 없다고 마음마저 없는 것은 아니다.

그래도 헷갈린다구요! 파란 하늘은 마음이고 구름은 생각이다. 잔잔한 바다는 마음이고 거센 파도는 생각이다. 생각은 조건 따라 생멸하는 현상이고, 마음은 하늘처럼 바다처럼 늘 그대로 있다.

참 나는 찾았는가? 몸은 내 몸이지 나는 아니다. 입도 내 입이지 입이 내가 될 수 없다. 마음도 내 마음이지 그 마음이 나는 아니다.

참회

생각없이 살생한죄 이제모두 참회합니다.
남의물건 탐낸죄를 이제모두 참회합니다.
삿된소행 행한업을 이제모두 참회합니다.

몸으로 짓는 세 가지 나쁜 행위이다. 《천수경》 십악
참회 가운데 첫 3구절이다. 자식이 지은 죄가 부모의
허물이듯이 중생의 허물이 넓게 보면 내 죄가 된다.

거짓말로 지은죄를 이제모두 참회합니다.
꾸며말한 그허물도 이제모두 참회합니다.
이간질로 지은죄를 이제모두 참회합니다.
욕설하며 살아온죄 이제모두 참회합니다.

입으로 짓는 네 가지 나쁜 행위이다. 중생이 지은 죄
는 모두 보살의 허물이다. 그래서 대신 참회하는 것이
다. 불교의 생명관은 자신이 인정하든 안 하든 일체중
생이 한 생명체이다.

한 중생이 나쁜 행위를 하면 반드시 다른 중생이 피
해를 본다.

개선

범부 중생의 죄악도 삼업으로 짓고, 일체 성현의 공덕도 삼업으로 닦으며, 삼세 제불의 중생구제도 삼업으로 행하신다.

세 가지 행위에 지옥이 있고 천상이 있으며, 세 가지 행위에 공덕이 있고 성불이 있다.

몸을 낮추고 공양예경하는 행위가 신업의 변신이고, 말을 줄이고 수희찬탄하는 행위가 구업의 변신이며, 생각을 창조하고 삶을 명상하는 것이 의업의 변신이다.

나는 부처님이다. 작은 깨달음이 삶의 질을 바꾸고 작은 실천이 큰 행복을 가져온다. 아는 것을 의심하고 몰랐던 것을 알아가는 기쁨이 있다. 일상이 명상이고 명상이 염불이다.

《관음경》에는 입으로는 일심칭명 즉 관세음보살 명호를 일심으로 칭송하고, 마음으로는 상념공경 즉 공경하는 마음을 늘 지니며, 몸으로는 예배공양 즉 예배하고 공양하라는 말씀이 있다.

독소

이건 생각으로 짓는 세 가지 나쁜 행위이다.
탐욕으로 물든마음 이제모두 참회합니다.
불쾌하다 성내는맘 이제모두 참회합니다.
어리석은 무지한맘 이제모두 참회합니다.

'삼독三毒'이다. 세 가지 독소로 기억해 두기 바란
다. 미혹한 마음에는 원초적 세 가지 독소가 자리하고
있다. 불교 수행은 성불에 있는 것이 아니라 바로 이
세 가지 독소를 제거하는 데 있다.

이건 틀림없는 말이다.

세 가지 독소가 있기 때문에 몸과 입과 생각으로 나
쁜 행위를 하게 되는 것이다. 뒤에 나올 세 가지 수행
을 통해 독소를 제거해야 한다.

수행은 개선이다.
몸으로 하는 의식 없는 행동 하나
입으로 아무 생각 없이 내뱉는 말 한마디
마음으로 하는 생각 없는 망상 하나하나가
세 가지 수행으로 개선될 때 삶은 밝아진다.

삼독

독이 먼저 있었다.

독은 신이 창조하고 약은 인간이 발명한다.

치명적인 독이 얼마나 많은가? 인간은 참 위대하다.
세상에서 가장 난치한 세 가지 독소가 있다.

탐독貪毒, 인간의 본능적 이기적인 심리이다.

본능에 가까울수록 이기적이다. 모든 존재는 이기적
인 유전자로 이루어졌다.

진독瞋毒, 인간의 치명적인 심리이다.

이기적인 심리에 위배되는 상황에 반응하는 세상에
서 가장 잔인한 독소이다.

치독痴毒, 인간의 원초적 무지한 심리이다.

이 무지를 극복하지 않는 한 탐독과 진독에서 자유
로울 수 없다.

신은 백해무익한 세 가지 독소를 인간의 내면에 심어놓았다. 그리고 독소의 파장을 방관하고 있다.

부처님은 인간의 삶에 치명적인 세 가지 독소를 발견하고 치료 약을 발명하셨다. 세상에서 가장 위대한 발명이 바로 '계戒·정定·혜慧' 세 가지 수행이다.

'계戒'는 탐독을 다스리는 자제력 수행이고, '정定'은 진독을 다스리는 집중력 수행이며, '혜慧'는 치독을 다스리는 지혜력 수행이다.

자제력·집중력·지혜력 여기에 해탈력과 지견력을 언제나 지속으로 가능하게 만들어야 한다.

변신

삼독심은 세 가지 독소에 중독된 마음이다.
소설 서유기에는 동물로 등장하기도 한다.

탐하는 마음[탐심]은 저팔계 돼지로 묘사하고 있다.
아마 동물 가운데 돼지가 탐욕의 상징인가 보다. 어느
집안 여식을 욕보이려다 손오공에게 혼쭐이 나면서
등장을 한다.

성내는 마음[진심]은 사오정 물귀신으로 등장한다.
왜 물귀신인가. 점잖은 사람도 화가 치밀면 그 흐트러
진 모습이 물귀신처럼 타인을 밑 없는 나락으로 끌어
들이기 때문일 것이다.

무지한 마음[치심]은 손오공 원숭이로 묘사하고 있
다. 무지하다고 미련한 것은 결코 아니다. 영리하기
가 천하제일이다. 그러나 영리하다고 지혜로운 것은
절대 아니다.

삼장법사는 불도를 닦는 순진한 불성 마음이다. 서천축으로 불경을 가지러 간다는 것은 도를 닦는 사람이 성불을 향해 간다는 설정이다.

도를 닦는데 가장 장애 되는 마음이 바로 이 삼독심이다. 그렇다고 이 마음들은 싹둑 잘라버릴 수는 없다.

원숭이처럼 오만방자 · 안하무인 · 천방지축 · 기고만장 날뛰는 무지한 본능, 돼지처럼 무엇이나 맘에 드는 것은 욕심부리는 본능, 물귀신처럼 심사가 뒤틀리면 걷잡을 수 없는 본능.

이런 특징을 잘 알아서 다독거리고 얼러서 성불하는 그날까지 제자 삼아 함께 가야 한다.

법명

삼장법사가 성불의 길을 떠나는데 제일 장애 되는 놈이 천방지축 안하무인 원숭이 같은 치심이었다.

관음보살 도움으로 겨우 잡아 제자를 삼는다. 오공悟空이라 법명을 내리고 머리에 쇠로 된 테를 씌우는데, 주문을 외우면 테가 줄어들어 오공이가 살려 달라며 아우성을 친다.

다음으로는 돼지처럼 뭐만 보면 정신 나가는 탐할 탐, 탐심을 오공의 도움으로 붙잡아 제자를 삼으니 오능悟能이라 법명을 내린다.

세 번째 제자는 심사가 괴상망측한 성낼 진, 진심인 물귀신을 어렵게 관음보살에게 도움을 청해 잡아다가 오정悟淨이라 법명을 받는다.

悟能은 팔계八戒로 더 알려져 있다. 심오하지 않는가? 치심은 어리석은 마음이다. 지혜가 없다는 말이다. 그래서 공을 깨닫도록 오공이라 한 것이다.

정화

　서유기의 사건 전개를 보면 이렇다.

　먼저 사오정이 깐죽거리면서 사건을 만든다. 다음 저오능이 해결하겠다고 달려가고 결국에는 손오공이 간다.

　인생도 다르지 않을 것이다. 먼저 발끈하고 이어 욕심이 일고 결국 어리석은 마음이 드러나고 만다.

　문제는 오공이가 가는 순간 상황이 심각해진다. 이제 보타산에 관음보살이 출현할 차례다.

　관음보살은 감로수 병을 들고 다니며 삼장법사의 위기를 매번 도우신다.

　여기에 염불 명상이 있다. 일상이 명상이고, 명상이 염불이 되어야 한다. 염불도 미리 해야 한다. 일이 닥쳐서 하는 것은 이미 늦다.

오공 · 오능 · 오정 깨달을 오悟 자 돌림이다.

공을 깨달으면 모든 번뇌를 능히 정화할 수 있다.

공은 혜慧를 능은 계戒를 정은 정定을 의미한다. 그
래서 '계 · 정 · 혜 세 가지 수행'이 있다. 자제력 · 집중
력 · 지혜력을 키워야 한다.

전환

독도 잘 쓰면 약이 된다.

번뇌가 성할수록 깨달음을 찾게 되는 것이다. 세 가지 독소가 끼치는 재앙을 자각하고 발심해야 한다.

사람이 욕심이 없으면 사는 맛이 없다.

끝도 없이 타오르는 욕심을 원력으로 전환하여 마음 명상에 전념하라.

분노를 역으로 전환하면 분발하는 마음이 된다. 격분하라! 세상에 대해서 그리고 나를 개선하라.

어리석음도 좋다.

부족해야 채우고자 하는 마음도 생긴다. 지적 욕구를 충족시켜주는 것보다 더 훌륭한 종교는 없다.

더 나은 삶을 향하여 탐심을 원력으로, 진심을 분발심으로, 치심을 향상심으로 전환한다면 새로운 인생이 열릴 것이다. 이것이 진정 불교가 바라는 가르침이다.

시작

몸이 시작이다

몸은 수행 공간이고

지금은 수행 시간이다

참으로 값진 것은 내면에 있지

밖에 있는 것이 아니다

보석1

마음에는 독소만 있는 것이 아니다.
고승이 깨달으신 처방을 소개하면 이렇다.

자성에 빛나는 자각의 보석이여!
본능 속에 무지한 빈곤을 소멸하소서.
자성에 가득한 감로의 물결이여!
본능 속에 끝없는 갈증을 소멸하소서.
자성에 충만한 반야의 등불이여!
본능 속에 깊은 어둠을 밝히소서.

마음으로 지어낸 생각이 도리어 나를 속박하거나 구
속하지 않게 하소서.

마음에는 세 가지 보석이 빛나고 있다.
자각 · 감로 · 반야가 발견해야 할 보석이다.
아침에 일어나면 먼저 자각의 보석을 염송하라. 정
말 값진 것은 내면에 있지 밖에 있는 것이 아니다.

보석2

사람보다 아름다운 꽃이 있을까. 사람보다 추한 물건도 없다. '자각각타自覺覺他' 인간에게 자각의 기능이 없다면 인간은 모두 악마가 되었을 것이다. 자각보다 더 빛나는 보석은 없다.

인성에는 감성의 기능이 있고 이성과 지성의 기능도 있다. 그리고 지성 너머에 각성覺性이 있다. 깨어있는 본성이라는 것이다.

자각은 바로 각성의 기능에서 일어난다. 자각하는 순간 모든 문제는 사라질 것이다.

탐욕이 지배할 때, 분노에 사로잡혀 있을 때, 이성이나 지성만으로는 감당할 수 없다. 깨어있는 본성이 자각하는 순간 번뇌에서 벗어날 수 있다.

부끄러운 마음이 생기고 반성하는 마음이 일어난다. 사소한 습관, 습관적인 말투, 의식 없는 행동, 부정적인 행위도 자각하는 순간 개선할 수 있다. 자각하지 못하면 우이독경이요, 마이동풍이다.

보석3

'자각각타自覺覺他' 스스로 깨닫고 남을 깨닫게 한다. 불교를 정의하는 문구 가운데 하나이다. 무지한 빈곤을 채워주는 빛나는 보석이다.

'자비감로慈悲甘露' 감로는 자비심에서 나오는 모유 같은 물이다. 자비는 남을 사랑하는 것이 아니라 자신의 인격에 해당한다.

자비로운 인격을 갖춘 사람은 모든 생명을 내 몸처럼 여긴다. 사랑하는 감정도 자비심에서 나오는 것이다.

인간은 끝없는 갈증에 목말라한다. 원초적 탐독에 중독되어 있기 때문이다. 깨어있는 본성을 자각하게 되면 감로를 맛보게 된다.

끝없는 갈증을 포함해서 모든 심리적 문제는 대부분 과거의 환경에서 발생한 것이다. 지나가 버린 환경을 어떻게 개선할 수 있겠는가?

공 · 무상 · 무아를 자각하라! 문제를 해결할 수 있는 열쇠가 여기에 있다. 자성에 가득한 '자비감로'를 명상하라.

보석4

　'자비감로慈悲甘露'는 관세음보살의 상징이다. 불화를 보면 병을 들고 있는 보살이 있다. 병은 감로수 병이고 들고 있는 분은 관세음보살이다.

　'반야지혜般若智慧' 자비감로와 짝을 이루는 것이 반야지혜이다. 자각이 어머니라면 자비는 딸이고 지혜는 아들이다. 왜 반야지혜라 하는가? 반야는 깨달음의 지혜를 말한다.

　먼저 고품 즉 나에게 주어진 문제를 깨달아야 한다. 아는 정도로는 부족하다는 것을 충분히 알 것이다.
　다음에는 문제를 푸는 열쇠를 깨달아야 한다. 어느 불자 말처럼 믿기만 해도 된다. 공·무상·무아가 온갖 문제를 푸는 열쇠이다. 사실 공식을 알면 어렵지 않다.

불교처럼 다양한 표현과 완벽한 교리를 가진 종교는 없다. 세간에 난무하는 알음알이 지혜와 구분하기 위해 '반야지혜'라고 하는 것이다.

불교는 시셋말로 맞춤 종교이다. 가장 민주적이고 자유로운 종교이기도 하다.

명심해야 할 것은 교리를 순서대로 명확하게 익혀가야 한다. 그러면 특별한 수행은 필요치 않다. 그래서 불교가 위대한 종교인 것이다.

시작

내 몸에는 여섯 가지 감각기관이 있다. 모든 수행의 시작은 여기서 출발해야 한다.

어렵다 말고 노트에 필기라도 하면서 명확하게 정리해야 한다. 왜냐하면, 불교는 명확하고 선명하게 아는 것만으로도 이미 수행이기 때문이다.

몸에 '눈[眼]'이 있어 빛깔과 모양을 받아들이고, 몸에 '귀[耳]'가 있어 소리를 받아들인다.
몸에 '코[鼻]'가 있어 냄새를 받아들이고, 몸에 '혀[舌]'가 있어 맛을 받아들이며, 몸에 '몸[身]'이 있어 촉감을 받아들인다.

'안·이·비·설·신' 이 다섯 가지 감각기관을 뒤의 여섯 번째 기관인 '의식[意]' 앞에 있다 하여 '전오식'이라고 한다.

'전오식'은 생각하는 기능이 없다. 단지 받아들이는 기능만이 있다. 그래서 '전오식'을 오온에서는 받아들인다는 의미에서 '수受'라고 한다.

'전오식'이 받아들이는 기능이 있다면, 몸에 있는 여섯 번째에 있는 '의[意]'는 생각하는 기능이 있고, 여섯 번째 감각기능이라 하여 제육의식 또는 제 육식이라 한다.

그리고 받아들이는 기능에 생각하는 기능이 있다 하여 제 육식을 오온에서는 생각한다는 의미에서 '상想'이라 하는 것이다. 좀 복잡하다 여기겠지만 뒤에 다시 반복될 것이다.

기본

　‘안 · 이 · 비 · 설 · 신 · 의’[六根]와 ‘색 · 성 · 향 · 미 · 촉 · 법’[六境]을 ‘십이처’라 하고, 십이처에 ‘전 오식과 제 육식’[六識]을 합하면 ‘십팔계’가 된다.

　여기에 ‘색 · 수 · 상 · 행 · 식’을 오온이라 하는데, 「오온 · 십이처 · 십팔계」를 ‘삼과三科법문’이라 하고, 불교의 모든 수행에 기본이 된다.

　알아야 깨인다. 복잡한듯하지만 알고 보면 간단하다. 앞에 육근 · 육경의 ‘십이처’는 명확하게 나왔고, ‘오온’ 가운데 수受와 상想 둘이 나왔다.

　육근과 육경이 작용하지 않는 상태를 ‘십이처’라 하고, 십이처가 서로 작용해서 식識이 일어나는 상태를 ‘십팔계’라 한다.

눈이 빛깔을 상대하면 빛깔이나 모양에 대한 인식이 일어나고, 귀가 소리를 상대하면 소리에 대한 식이 일어난다.

이렇게 해서 감각기관인 육근이 감각 대상인 육경을 상대하면 육식이 생기는 것이다.

불교는 명확해야 한다. 「오온 · 십이처 · 십팔계」의 관계를 찬찬히 알아가면 된다.
알아야 깨인다. 불교는 임시 처방이 아니다.

공짜

배우지 않고 알 수 있는 게 얼마나 될까. 알았다고 하면 또 얼마나 바를까.

알고 있으면서 안 하는 것보다 몰라서 못 하는 게 더 많으리라고 생각해 본 적이 있는가?

이만큼 알고 있는 것도 이만큼 배웠기 때문이다. 더 많이 배우고 더 많이 보았다면 내 인생이 어떻게 되었을까?

어릴 때는 보는 대로 듣는 대로 알지만, 어른이 되면 아는 대로 보고 아는 대로 듣는다. 아는 것을 의심해야 한다.

그냥 앉아 있다고 모르는 것이 절로 알아질까. '전식득지轉識得智'라는 말이 있다. 알고 있는 것을 뒤집어 지혜를 이룬다는 말이다.

더 많이 알아야 한다. 우주를 알려면 우주만큼 알아
야 한다. 염불은 지식을 뒤집어 지혜를 만드는 명상이
다.

재앙

자연에는 수·화·풍 세 가지 재앙[三災]이 있고, 인간에는 탐·진·치 세 가지 독소[三毒]가 있다.

수재는 수마가 일어나 수재민을 만들고
화재는 화마가 일어나 화재민을 만들며
풍재는 풍마가 일어나 이재민을 만든다.

자연은 사람이라고 봐주는 법이 없다. 자연은 결코 사람 편이 아니라는 얘기다. 지구촌 곳곳에서 많은 사람이 해마다 겪는 재앙이다.

그러나 이보다 더 무서운 재앙은 인간의 본능 속에 있는 탐·진·치 삼독이다.

탐독은 본능 속의 물 같은 욕심이고, 진독은 본능 속의 불같은 분노이며, 치독은 본능 속의 바람 같은 무지를 말한다.

모든 행위 뒤에는 바람이 있다. 무지하기 때문에 바람이 일어난다. 무지야말로 세상에서 가장 무서운 재앙이다.

갈래

불교는 세 가지 독소의 유무에 따라서 중생이 사는 세계를 구분한다. 우선 크게 욕계 · 색계 · 무색계가 있다. '삼계중생' 운운이 그것이다.

'욕계欲界'는 탐 · 진 · 치 세 가지 독소가 모두 있는 세계이다.

'색계色界'는 욕망은 끊었지만, 물질이 남아있는 세계이다. 세 가지 독소 중에 탐독은 사라지고, 진독과 치독이 아직 남아있는 세계라는 말이다.

탐욕은 무언가 조건으로 일어난다고 할 수 있지만, 분노는 아무런 경계가 없어도 일어난다. 사실 존재 그 자체만으로도 미세한 분노가 있다.

‘무색계無色界’는 욕망은 물론 물질까지도 초월한 순수 정신만이 존재하는 세계를 말한다. 색色 즉 물질이 없는 세계라는 말이다.

욕계에서는 계향으로 탐독을 다스리고, 색계에서는 정향으로 진독을 없애며, 무색계에서는 마지막 혜향으로 치독을 다스려야 한다는 말이다.

부처님을 ‘삼계도사三界導師’라 하는데 욕망의 세계인 욕계에서건, 욕망이 사라진 물질의 세계인 색계에서건, 물질까지도 초월한 순수 정신계인 무색계에서도 꿈에서 樂으로 선도하는 뛰어난 스승이라는 말이다.

악도

　세 가지 독소가 극에 이르면 어떻게 될까? 그곳에 악도가 열린다. 삼악도三惡道가 바로 그곳이다.

　탐욕의 독소가 극에 달하면 아귀의 세계가 열린다. 아귀다툼의 현장인 것이다.

　분노의 독소가 극에 이르면 지옥계가 활짝 열린다. 분노 그 자체가 지옥이다.

　무지의 독소로 인해서 축생계가 열린다.

　이러한 세계가 특정한 곳에 정해져 있다기보다 본능 속에 있는 세 가지 독소가 어떻게 작용하느냐에 따라 거기에 맞는 세계가 펼쳐지는 것이다.

불자는 원력으로 세 가지 독소를 알아차려야 한다. 설사 그런 세계가 있다 하더라도 내가 알아차리기만 하면 혹독한 세계가 자비심 넘치는 안락국토가 되는 것이다.

내재

    지옥이 마음 밖에 있다 하면 불교가 아니다. 천국이 마음 밖에 있다 해도 불교가 아니다. 천당과 지옥이 오로지 마음 씀에 있다.

    허공을 떠나서 존재할 수 있는 것이 아무것도 없듯이 허공까지도 마음을 떠나서 존재할 수 있는 것은 아무것도 없다.

    그러니 얼마나 간단한가?
    자기 마음 하나 챙기면 된다.

    손해를 좀 보더라도 적선한다 생각하고 자기 마음 자기가 잘 쓰라. 주어진 운명을 개선하는 일은 적선이 최선이다.

    물리는 인과의 법칙에서 한 치도 벗어날 수 없지만, 심리는 인과를 초월해 있다.

검정 안경을 쓰고 하늘을 보면 검게 보이고, 빨강 안경을 쓰고 보면 하늘이 빨갛게 보인다. 지금 어떤 색깔의 마음을 쓰고 있는가?

천상

'天國'은 서양 종교에서 쓰는 말로 영어 헤븐[Heaven]을 번역한 말이다.

천국은 하늘나라 즉 하나님의 나라이고 그를 믿어야 갈 수 있다. 나라·국가라는 개념은 서양적 사고의 발상이다.

'天堂'은 우리 민속 신앙인 무속에서 쓰는 말로 선대 조상이 거주하는 하늘 집이다.

집이라는 개념은 동양적 생각의 발상이니 신당·사당·굿당·성당·예배당·서당·강당·학당·불당·법당 등 당이 들어가는 말이 아주 많다.

'天界'는 중국 도교에서 쓰는 말로 인간이 사는 인간계가 아니고 천인이 사는 세계라는 말이다.

천계, 하늘 세계라는 개념은 중국적 사고의 발상이라 할 수 있다.

'天上'은 불교에서 쓰는 말로 천상천하 유아독존이라는 말이 유명하다. 나라도 집도 세계도 아니고 그냥 하늘 위이다.

하늘 위라는 개념은 불교적 생각이며 올라간다는 말은 다시 내려올 수 있음을 전제로 하는 말이다.

'天宮'은 불교 경전에서 나온 말로 특히 화엄경 설법 장소로 등장한다.

도리천궁 · 야마천궁 · 도솔천궁 · 타화자재천궁 천궁에는 천왕 그리고 그 권속이 사는 곳이다. 쓰는 말에도 족보가 있다. 그 족보를 알고 쓰는 경우가 얼마나 될까?

수행1

드디어 세 가지 수행이 나왔다.
'삼학三學'이라 한다.

세 가지 학습, 세 가지 배움, 세 가지 학과 등으로 해석할 수 있으나 이제는 세 가지 수행으로 기억해 두기 바란다. 학습이라는 말도 좋을 듯하다.

불교는 수행하는 종교이다. 불교는 기도가 아니라 염불이다. 염불은 가장 쉬운 불교 수행이며, 세상에서 기氣가 가장 센 분이 부처님이다.

염불은 부처님을 상시로 생각하면서 그 센 기를 받는 것이다. 이런 수행은 타他 즉 부처님을 의지해서 하는 수행이라 타력 신앙이라 한다.
불교는 자력과 타력을 완벽하게 갖추고 있는 종교이다.

'세 가지 수행'은 자력으로 수행해 가는 출발선이다. 문제를 해결하려면 수행을 해야 한다. 수행하지 않으면 다른 대안이 없다.

수행2

    인생에는 구비, 구비 삼독심이 포진해 있다. 아무런 의식 없이 챙기기만 하려는 탐욕심·시기·질투, 생각 없이 튀어나오는 언사들 그런 부정적인 행위 저변에 무지가 도사리고 있다. 세 가지 수행은 삼독을 완화 시키는 명약이다.

'계학戒學'은 자제력을 익히는 수행이다.

자제력은 탐욕심과 분노를 잠재우는 특효약이다. 자제력·자제력하고 하루에 30번씩 2백 일만 써 보라.

'정학定學'은 집중력을 익히는 수행이다.

무지를 타파하고 평정심을 이루는 필수코스다. 평정심·평정심 역시 30번씩 2백 일만 써 보라.

'혜학慧學'은 지혜력을 익히는 수행이다.

지혜는 새로운 인생을 창조하는 원천이다. 자제력과 평정심이 익어지면 지혜력은 덤으로 밝아온다. 어린아이가 한마디 말을 사용하려면 6천 번을 들어야 한단다. 특별한 수행은 필요치 않다. 자신의 욕구와 분노에서 자유로워야 한다.

수행3

본능에 자리하고 있는 세 가지 독소를 극복하는 일이 쉽지는 않다. 개선하려는 본인 의지가 가장 큰 힘이다.

수행에는 두 가지 경우가 있다. 문제가 터져서 수습하는 수행이 있고, 문제가 발생하지 않도록 하는 수행이다.

당연히 후자에서 시작해야 한다. 문제가 심각해진 뒤에는 벌써 늦다. 평정과 지혜를 어떻게 이룰까? 불교는 이 분야에 전문가이다.

평정심이 자리 잡으려면 수행 순서를 숙지해야 한다. 순서가 가장 중요하다. 순서를 정확히 아는 것이 바로 수행의 성공이다.

'계·지·정戒止定, 관·조·혜觀照慧'이 여섯 자
를 몸 안에 세포가 되도록 하라! 그러면 자신도 모르
게 변화가 시작될 것이다.

계지정

　'계戒'는 신체적 구속이 아니라 정신적 마음가짐이다. 계는 삼가하고 조심하는 마음이다. 戒는 삶의 속도 조절 기능이다.

　계는 세 가지 행위의 지침이다.
　戒는 행과 불행의 경계선이다.
　계는 인생의 황금률이다.

　戒는 행복 지킴이이다.
　계는 止의 전 단계이다.
　戒는 속박이 아니라 해탈이다.

　'止'는 멈춤이고 '定'은 멈춤이 지속되는 상태이다. 멈추면 비로소 보이는 것이 바로 이것이다. 하루 세 번 마음 명상 나는 부처님이다.

‘계戒’는 탐심을 다스리고 ‘지止’는 진심을 바라보게
하고 ‘정定’은 지혜를 낳게 하는 모태이다. 모든 재앙
은 세 가지 독소에서 생기고, 모든 공덕은 세 가지 수
행에서 이루어진다.

바라봄

'지止와 관觀'은 불교 수행의 두 축이다.

'지관수행'이란 말을 들어 봤을 것이다. 계·지·정의 止와 관·조·혜의 觀이 그것이다.

지止는 정定을 이루기 위한 것이고, 관觀은 혜를 이루기 위한 것이다. 지는 멈춤 수행이고, 관은 바라봄 수행이다.

중국의 천태종 시조 지자대사는 지관수행을 세웠고, 고려국의 불일 보조국사는 정혜쌍수를 주창하였다. '지관'은 수행과정에 동사적 명칭이라면 '정혜'는 수행 결과에 명사적 명칭이다.

이미 알겠지만, 定과 慧는 계·지·정의 정과 관·조·혜의 혜를 말한다. 암튼 止에는 戒가 앞에 있어야 하고, 觀에는 뒤에 照가 있어야 한다.

불교 수행은 용어를 순서대로 익히는 것만으로도 그
영험을 충분히 보고도 남는다. '계지정 · 관조혜' 잘 쓰
고 계시는지?

이유

수행을 왜 해야 하는가? 불교는 원인과 결과를 한 자리에서 보는 지혜를 얻게 하는 가르침이다. 모든 행위에는 결과가 따른다.

그 결과에는 반드시 원인이 있다. 기뻐할 만한 원인을 지으면 기쁜 일이 생기고, 슬퍼할 만한 원인을 지으면 슬픈 일이 찾아온다.

불행은 애쓰지 않아도 잘만 오는데, 행복은 노력해도 쉽게 오는 일이 없다. 중생이란 웬만큼 잘 산다 해도 고통은 있게 마련이다.

왜 그럴까? 근본적으로 문제를 가지고 있기 때문이다. 그래서 수행이 필요하다.

수행을 통해 다가오는 슬픔을 미리 막고, 수행을 통해 지혜를 터득하게 되면 불행을 줄이고 행복을 창조하게 되는 것이다.

관조혜

'관觀'은 바라봄 수행이다. 관은 황새 관+볼 견으로 된 글자다. 황새가 하늘에서 내려다본다는 의미이다.

'조照'는 해 일+부를 소+불 화로 된 글자이니 태양을 불러 불을 만들어 비추어 보는 것이다. 관觀의 작용이다. 《반야심경》에 "조견오온개공"의 조견照見이다.

'혜慧'는 안테나 모양의 두 전신주 아래에 접시를 두고 마음 심을 받친 글자이다. 彗+마음 심이다. '彗'는 혜성처럼 나타나다의 혜 자인데, 모양새가 아마도 피카소가 그릴법한 요즘의 스마트폰이다.

세상에서 가장 스마트한 물건은 마음이다. 깨어있을 때 특히 그렇다. 지혜란 마음이 깨어있고 열려있을 때를 이르는 말이다.

아무리 스마트한 폰이라 하더라도 전원이 다 되었거나 꺼져 있다면 그 기능을 할 수 없는 것처럼 마음도 그와 같다.

글자에 품위를 먹인다면, 觀·照·慧 이 세 글자가 당연히 최상위 명품 글자일 것이다. 바라만 보아도 마음이 밝아지는 글자이다.

한자漢字는 깊이 알면 알수록 그 자체만으로 명상이 될 수 있다.

중생

부처님이 어떤 분인가를 알았으니 중생이란 어떤 존재인가를 알아야 한다. 중생이란, 늘 문제를 안고 사는 존재이다. 한마디로 문제 덩어리다.

탐·진·치 세 가지 독소에 잠겨있기 때문이다. 정각은 꿈에도 모르고 번뇌 속에 사는 존재이다.

중생은 무지하고 집착하고 분별하며 살아간다. 무지하기 때문에 밝은 지혜가 없다. 인도 받아야 할 존재이다. 중생은 자신과 우주에 대해서 모르는 게 정말 많다.

의혹과 아집에 사로잡혀서 진실을 인정하려 않는다. 잘못된 지식으로 인해 세상을 어지럽게 한다.

중생이란, 수많은 생명의 총칭이며 많은 인연 속에서 살아가는 미혹한 존재이다. 깨달아야 한다. 지식만으로는 안 된다.

마음 명상으로 세 가지 수행과 세 가지 독소를 알아
차려야 한다. 무지를 인정하고 개선하려는 자각이 필
요한 존재이다.

보살

보살은 중생계의 꽃이다.

세 가지 독소에서 벗어나기 위해 부처님께 나아가 '계지정 · 관조혜' 수행을 완성한 성자이다.

고해중생 많다해도　원을세워 제도하고
끝이없는 번뇌라도　원을세워 끊으오며
팔만장경 대법문을　원을세워 다배우고
부처님법 최고진리　원을세워 이루리라

내맘속의 중생심을　우선먼저 제도하고
내맘속의 온갖번뇌　우선먼저 끊으오며
내맘속의 무진법문　우선먼저 배우오며
내맘속의 부처님을　속히친견 하오리다

보살은 네 가지 큰 서원을 세우고 위로는 부처님을 따라 깨달음을 구하고, 아래로는 중생계를 교화하는 깨인 사람을 말한다.

부처님은 불력을 쓰시고, 보살은 원력으로 자율적 삶을 살며, 중생은 업력에 붙잡혀 살아가는 것이다.

번뇌

어떤 분야를 알려면 그 분야에 관련된 용어를 얼마나 많이 정확하게 아느냐에 달려 있다. 앞에서 佛·衆生·菩薩을 대강 알았을 것이다.

이제 번뇌와 보리에 대해 알아보자. 이런 용어가 어떻게 쓰이는지 정도는 알아야 한다. 용어에 대한 명확한 이해가 그대로 수행이 된다.

문제에서 벗어나려면 도를 닦아야 한다. 수행을 해야 한다는 말이다. 이 길 말고는 다른 대안이 없다. 번뇌는 중생의 가치이고, 보리는 깨친 분의 가치이다.

번뇌는 근본번뇌와 지말번뇌로 나눈다. 번뇌는 '번동뇌난煩動惱亂'의 줄임말이다.

번뇌는 팔만 사천 가지가 있다. 오만 생각이라 하는데 현대 심리학에서 보통 사람이 하루에 하는 생각이 7만 가지라 한다. 생각이 번뇌이다.

생각에 시달리는 삶이 아니라, 생각을 활용하는 지혜를 배워야 한다.

보리

보리는 부처님께서 얻으신 깨달음이니 아뇩다라삼
먁삼보리의 보리이다. 발아뇩다라삼먁삼보리심을 줄
여서 '발보리심'이라 한다.

'보리심'은 깨닫고자 하는 간절한 마음이다. 부처님
은 번뇌를 보리로 완전히 전환하신 분이고, 중생은 번
뇌에서 벗어나지 못하고 허덕이는 존재이며, 보살은
번뇌에서 벗어나 보리를 향해 가는 과정이다.

이제 막 출발한 보살을 '초발심 보살'이라 하고, 깨달
음에 거의 다가간 보살을 '구경지 보살'이라 한다. 깨
달으면 생각이 지혜가 되고 미혹하면 생각이 번뇌가
되는 것이다. 보리와 지혜가 헷갈릴 수 있는데 보리는
깨달음이고 지혜는 반야이다.

모든 문제는 세 가지 행위에서 발생한다. 행동은 몸으로 하는 행위이고, 말은 입으로 하며, 생각은 마음으로 하는 행위이다. 마음이 깨어있으면 번뇌도 지혜가 된다.

갈애

무명과 갈애는 번뇌 가운데 그 뿌리가 가장 깊은 번뇌이다.

'무명無明'은 정신적인 번뇌의 대부이다. 결국, 오만 가지 심리적 번뇌는 무명에서 발생한다.

쉽게 말하면 원초적 무지이다.

많이 배운 사람도 이 무지에서 벗어나지 못한다. 공부하는 사람은 이 무지를 인정하고 알아차려야 한다.

'갈애渴愛'는 육체적인 번뇌의 대모이다.

육체란 또 다른 자아이다. 갈애는 쉽게 말하면 원초적 본능이다. 무지와 본능은 인간의 근원적 번뇌이니 팔만 가지 번뇌가 이를 뿌리로 발생한다.

'탐·진·치' 세 가지 독소가 무지와 본능의 다른 표현이다. 탐독과 진독은 갈애인 원초적 본능이고, 치독은 무명인 원초적 무지이다.

질병도 그 원인을 알면, 치료가 가능하듯이 번뇌도
그 뿌리를 알면 다스리기가 쉬워진다.

난동

'번동뇌난煩動惱亂'을 재구성하면 '번뇌난동'이 된다. 번뇌가 난동을 부리다니 말이 된다.

'번煩'은 불 화+머리 항으로 머리에 불이 났다. '동動' 그러니 가만있겠는가? 난동을 부리지, 번동은 몸을 가만두지 못하는 상황이다.

'뇌惱'는 심리가 혼란스러운 경우이다. '난亂' 그러니 어지럽다. 번뇌가 심하면 고통이 된다.

생각은 그래도 가볍다. 번뇌가 되면 심각하다. 생각을 쉬어야 한다. 생각을 어떻게 쉬게 하는가?

계·지·정 명상이 약이다. 생각을 쉬기란 쉽지 않다. 변환해야 한다. 부처님을 생각하고 좋은 법문을 즐겨 듣고 읽으며 쓰면 좋다.

특히 예불문 · 천수경 · 반야심경 · 법성게 나아가 발
원문 등을 듣고 · 보고 · 읽고 · 쓰면서 정진하라.

본능

'무명무지' '갈애본능'으로 기억해 두자. 無明은 밝음이 없다는 말이니 어리석다는 말이고, 渴愛는 좋아하는 것에 끝없이 목말라하는 것이다.

무지막지 · 갈구갈망 · 욕구욕망이 번뇌의 뿌리이다. 자신은 수행의 좋은 대상이다. 이러한 원초적인 무지와 본능을 바라봐야 한다.

확인하고 인정하고 개선하려는 의지를 내어야 한다. 먼저 觀 · 照를 통해 바라봄을 실천하고, 이어서 戒 · 止를 통해 멈추는 연습을 해 보라.

번뇌의 극복이 바로 깨달음이다. 바라봄 수행이 깊어지면 멈춤이 이루어지고, 멈춤 수행이 익숙해지면 바라봄이 깊어질 것이다.

그리하면 밝은 慧가 뜰 것이고 평정의 定을 이룬다. 定은 집안의 기둥을 받치는 초석을 뜻하는 글자이다. 명상을 생활화하라! 인생의 가치와 행복이 여기에 있다.

범부

 '중생'이란 매우 포괄적인 말이다. 사람뿐만이 아니라 신까지도 포함해서 깨달지 못한 모든 존재를 총칭하는 말이다. 중생의 반대는 깨달음을 이룬 모든 부처님이다.

 '범부'는 성인의 반대 개념으로 보통 평범한 사람을 말할 때 쓰는 말이다. 불문에 막 입문하여 믿음을 낸 단계이다.

 '성인'은 구경지보살을 말한다. 세속에서는 성인이라 하고 불문에서는 보살이라 한다.

 부처와 중생·범부와 성인·번뇌와 보리·무명과 갈애·생사와 열반·업력과 원력 등 상대적인 개념을 잘 이해해야 한다.

강을 건너려면 배를 구해야 하고, 고기를 잡으려면 그물을 구해야 하듯이 불법을 알려면 다양한 용어를 명확하게 알아가야 한다.

원력

개선의 첫 출발은 믿음으로 시작한다.

믿음은 범부의 힘이다. 범부의 지위에서는 믿음으로 힘[信力]을 삼는다는 것이다.

이승의 지위에서는 원력으로 힘을 삼는다. 문제를 개선하려는 의지가 원력願力이다.

믿음에서 더욱 분발하여 부처님 가르침을 알아가려는 서원이 굳건해지는 단계이다.

원력이 깊어지면 가르침을 행하게 되고, 행이 깊어지면 법력法力을 갖추게 되는데 보살의 지위에서는 법력으로 힘을 삼는 것이다.

신력信力 · 원력願力 · 법력法力을 갖추면 드디어 불력을 얻는다.

불지佛地 즉 깨달음을 완성하게 되면 佛力이 생긴

다. 진리를 증득하고 인간과 천상의 대도사가 되는 것이다. 중생은 업력業力으로 산다. 처음 발심한 범부는 신력信力으로 살고, 삼현 즉 어진 경지에 도달한 이는 원력願力으로 힘을 삼는다.

십지보살은 법력法力을 얻어 쓰고, 불지佛地에서는 불력佛力을 갖추는 것이다. 가피력加被力은 부처님이 중생에게 입혀주는 힘이다.
마음 명상은 원력으로 시작하며 부처님의 가피력으로 인하여 더욱 밝아져서 법력 나아가 불력을 쓰게 되는 것이다.

《금강경》에 五眼 즉 다섯 가지 눈이 나온다. 육안·천안·혜안·법안·불안이 그것이다.

'육안'은 육체에 있는 눈이니 범부가 쓰는 눈이고 '천안'은 하늘 눈이니 이승이 쓰는 눈이며, 혜안, 지혜의 눈과 법안, 법의 눈은 보살이 쓰는 눈이며, '불안'은 부처님 눈이니 불지에서 갖추게 되는 눈을 말한다.

열반

 '생사'는 미혹한 중생들의 무대이고 '열반'은 깨달은 불보살의 세계이다. 생사는 무지와 본능이 난무하는 무대이고 열반은 지혜와 보리가 충만한 세계이다.

 생사는 세 가지 독소가 지배하는 무대이고, 열반은 세 가지 수행으로 장엄하는 세계이다. 깨달은 이에게 는 생사가 그대로 열반이나 미혹한 자에게는 열반이 곧 생사이다.

 세 가지 독소 · 번뇌 · 생사는 중생의 전유물이고, 세 가지 수행 · 보리 · 열반은 깨달은 이의 즐거움이다.

 내가 어떻게 사느냐에 따라 번뇌가 보리가 되고, 내 가 어떻게 사느냐에 따라 보리가 번뇌가 되는 것이다.

 번뇌와 생사에 헤맬 것인가, 보리와 열반을 누릴 것 인가? 선택은 언제나 나에게 있다.

해답

불교는 해답이다

간절한 의문이 없다면

아무리 뛰어난 답일지라도 의미가 없다

입문1

　중등과정은 인생을 배우는 단계이다.
「사성제四聖諦」네 가지 인생의 진리가 바로 그것이
다. 인생이란, 연습도 한번 없이 태어나서 실습 한 번
못해 보고 죽는다.

　'고성제苦聖諦'는 인생이란 본래 문제가 있다는 진리
이고, '집성제集聖諦'는 문제에는 반드시 원인이 있다
는 진리이다.

　좋은 원인에는 좋은 인생이 되고 나쁜 원인에는 좋
지 않은 인생이 되는 것이다. 범부가 어찌 이런 이치
를 알겠는가? 하니 배워야 한다.

　'멸성제滅聖諦'는 전혀 다른 새로운 인생을 전하는
진리이고 '도성제道聖諦'는 새로운 인생을 사는 법을
전하는 진리이다.

고와 집은 세 가지 독소로 사는 인생이고, 멸과 도는 세 가지 수행으로 사는 인생이다. 어떤 인생을 살 것인가? 인생을 시작하기에 앞서 인생을 배워야 한다. 불교는 인생을 말하는 종교이다.

고집

고성제苦聖諦, 문제가 있는 인생이다.

문제를 해결하려면 먼저 문제를 알아야 한다. '사고四苦'는 인생의 근본 문제이고, '팔고八苦'는 살면서 발생할 수 있는 문제이다.

'삼고三苦'는 세상의 구조적인 문제라는 것으로 누구도 피할 수 없기 때문에 진리이다.

문제를 안고 불안, 불안 사는 인생은 중생이고, 문제를 해결하려고 발심하는 인생은 보살이다. 수많은 사람 중에 발심하는 인생이 얼마나 될까?

집성제集聖諦, 원인을 살피는 인생이다.

문제는 원인에 있다. 처음부터 씨를 잘 뿌려야 한다. 문제를 바라볼 때 결과보다 과정을 중히 여긴다. 세 가지 지혜 · 세 가지 보물 · 세 가지 말씀을 가까이하고 무명과 갈애를 인식하고 알아차리는 연습이 필요하다.

멸도

멸성제滅聖諦, 문제가 없는 인생이다.

불교에서 추구하는 가장 이상적인 인생이다. 다시는 문제가 발생하지 않는 최상의 인생이다. 진정으로 중생을 위한 삶을 살 수 있으며 세상에서 제일가는 희유한 복을 누리는 인생이다.

도성제道聖諦, 도를 닦는 인생이다.

행복한 인생을 원한다면 도를 닦아야 한다. 바다를 건너려면 배가 있어야 하고, 하늘을 날려면 비행기를 타야 하듯이 인생을 행복하게 하려면 도를 닦아야 한다.

불교는 이런 분야에 전문가다. 또 크게 어렵지도 않다. 요리하려면 다양한 재료가 있어야 하듯이 행복한 인생을 위한 다양한 메뉴얼을 익히면 된다. 앞에서 소개한 메뉴얼만 알아도 충분하다. 그냥 아는 것만이 아니라 행복한 인생을 살고자 하는 간절한 의지[원력]가 필요하다.

정도

행복한 인생을 위한 여덟 가지 바른길이 있다. 최상의 인생을 창조하는 부처님의 지혜이다.

도를 닦는다는 것은 바로 '팔정도八正道'를 말하는 것이다.

'정견正見·정사유正思惟' 다양한 가르침을 바르게 보는 안목이 있어야 한다. 바른 안목에 의지해야 바른 생각이 나온다.

'정어正語·정업正業' 생각이 바르게 자리하면 바른 말이 나오고, 바른 행동이 몸에 자리하게 된다.

'정명正命·정정진正精進' 사소한 생활 습관이 인생의 질을 바꾸고, 올바른 정진으로 성태聖胎를 자라게 해야 한다.

'정념正念·정정正定' 바른 념念이란 무엇일까? 부처님을 생각하고 진리를 생각하는 것이다. 바른 집중이란 무엇일까? 부처님과 진리와 내가 하나 되는 것이다.

입문2

　몸과 세계는 어떻게 이루어졌나를 알아야 한다.
　종교의 관점에서 보면 몸과 세계가 따로 있는 것이
아니라 몸이 그대로 세계이고 세계가 그대로 몸이다.

　따라서 몸을 이해하게 되면 세계도 알게 되는 것이
다. 이러한 논리는 불교학의 특징이다. 불교는 다양
한 교설로 몸과 마음을 분석하고 있다.

　오온 · 십이처 · 십팔계를 三科법문이라 하는데, 몸
과 마음을 삼과三科로 설명하고 있다.
　앞서도 말했듯이 몸과 세계는 둘이 아니다. 세계와
몸은 크게 물질계와 정신계로 나뉜다.

　'오온'은 다섯 가운데 물질계는 色 하나이고, 정신계
는 受 · 想 · 行 · 識 넷으로 되어있다.

‘십이처’는 六根과 六境을 합하여 12가 되는데 물질계는 11이고, 정신계는 1로 되어있다.
　‘십팔계’는 육근 · 육경 · 육식을 합하여 18이 된다.

　‘십팔계’는 물질계 11, 정신계 7로 설하고 있다. 이것을 온 · 처 · 계라 하는데, 왜 같은 주제를 반복해서 다르게 설하고 있는지는 다음 장에서 자세히 알아보자.

일체

일체는 십이처다. 일체는 오온이다. 일체는 십팔계다. 모두 같은 말이다.

불자라면 이건 상식이 되어야 한다. '일체—切'라는 말은 세계와 몸을 싸잡아 표현한 말이다.

'원아속지 일체법' 일체 또는 일체법이라고 한다. 오온·십이처·십팔계 안에 우주와 세계와 몸이 있다. 먼저 십이처를 알아보자.

몸에는 눈[眼]·귀[耳]·코[鼻]·혀[舌]·몸[身]·의지[意] '육근'이 있고, 세계에는 빛깔[色]·소리[聲]·냄새[香]·맛[味]·감촉[觸]·생각[法] '육경'이 있다.

주관적 감각기관을 '육근六根'이라 하고, 객관적 감각 대상을 '육경六境'이라고 한다.

사실 우주니 세계니 하는 것이 이를 벗어나지 못한다. 육근을 다시 육입六入·육적六賊이라고도 하는데 '육입'은 밖의 것을 들여오는 기능을 말하고 '육적'은 안의 것을 유출하는 기능을 말한다.

복잡한 듯해도 알아두면 명상에 도움이 크다. 불교는 이렇게 시작한다. 여기에는 신은 없다. 오직 탐구하는 나와 내가 있을 뿐이다.

12처

'안眼 · 이耳 · 비鼻 · 설舌 · 신身 · 의意'에서 앞의 다섯은 물질계이고, 의意 하나만 정신계이다. 의意는 마음의 다른 말이다. 인식작용 이전을 마음이라 한다면, 인식하는 마음 작용을 '의意'라고 하는 것이다.

'心 · 意 · 識'이라는 말이 바로 그 말이다. 마음이 意의 작용으로 인식을 하는 것이다. 여기서 마음은 종이이고 의는 연필이며, 식은 종이에 기록된 내용물이다.

'색色 · 성聲 · 향香 · 미味 · 촉觸 · 법法'은 모두 물질계이다. 앞의 다섯은 당연히 물질계라 하겠지만, 법法도 물질계란 말이 쉽지 않을 것이다.

법法은 생각의 다른 말이다. 법은 意가 상대하는 객관대상인데, 아직 구체적으로 생각이라고 하기 전을 법이라 한다.

의意라 말하면 법이 되고, 마음이라 하면 생각이 되는데, 이런 낱말의 차이를 바르게 이해하는 것이 매우 중요하다

생각[法]은 형체는 없지만, 개념을 가지고 있기 때문에 물질계에 속한다. 그래서 십이처는 물질이 11개, 마음이 1개다. 육근의 의意 하나만이 마음인 것이다.

'십이처'는 마음은 1로 줄이고, 물질은 11개로 충분히 설명한 것이다. 따라서 마음보다 물질에 어두운 중생을 위해 설한 것이라 한다. 사실 세계란, 물질과 마음뿐이다.

5온

　오온은 물질계를 '색色' 하나로 줄이고, 정신계를 '受·想·行·識' 넷으로 나누었다. 다시 말하자면 십이처의 물질에 속하는 11개를 '색色' 하나로 줄이고, 정신계의 '의意' 하나를 수·상·행·식 넷으로 나눈 것이다.

　물질의 특징은 형태를 가지고 있어야 하고, 지능이 없기 때문에 필연적 반응만 한다. 앞장에서 말한 육경의 여섯 번째 '법경法境'도 마찬가지이다.

　마음의 특징은 형태가 없고 인식하는 기능이 있다. 마음이 어떤 사물이나 사건에 대해 인식을 하기 위해서는 수·상·행·식의 작용이 있어야 한다.

'수受'는 사물이나 사건을 접수하는 것이고
'상想'은 접수한 것에 대하여 생각하는 것이며
'행行'은 처리하며 진행하는 단계이고
'식識'은 결론 또는 어떤 결과를 기록하여 남기는 것
이다.

우리가 어떤 사물이나 사건을 인식하고 마음속에 정
보를 저장해 두는 과정을 '수 · 상 · 행 · 식'이라 한다.
사람이 무지하면 잘못된 정보가 많게 된다.

근경식

십이처의 처處란, 마음 활동 이전의 각각의 자리를 말한다. 주관적 육근과 객관적 육경이 서로 상대하기 이전 각자 제 위치에 자리하고 있는 것을 말한 것이다.

그러면 육근이 육경을 상대하게 되면 어떻게 될까? 바로 육식이 발생하게 된다. 이렇게 되면 육근·육경·육식이 모여 십팔계를 이루는 것이다.

이제 주관과 객관이 서로 연관되어 복잡한 상황을 낳게 된다. 따라서 십이처에서는 '육경六境'이라 하던 것이 십팔계에서는 '육진六塵'이라 명칭하게 되는데 이러한 낱말의 차이를 명확히 구분하고 정확히 알아야 한다.

육근과 육경이 서로 상대하기 이전에는 육근이라 하던 말도 십팔계가 되면, 육근이 다시 육입六入이라 하고 육적六賊이라 하는 것도 마찬가지이다.

'육진六塵'이란 말은 육경이 마음자리에 들어와 먼지 끼게 하고 오염시켜 번뇌를 만들기 때문에 먼지 진塵자를 써서 육진이라 하는 것이다.

이것을 공식으로 표시하면 아래와 같다. 주관적 감각기관인 육근이 객관적 감각 대상인 육경을 받아들이게 되면 여섯 가지 알음알이 즉 육식이 발생한다는 것이다.

안근이 색진을 入하면 안식眼識이 발생하고
이근이 성진을 入하면 이식耳識이 발생하며
비근이 향진을 入하면 비식鼻識이 발생한다.
설근이 미진을 入하면 설식舌識이 발생하고
신근이 촉진을 入하면 신식身識이 발생하며
의근이 법진을 入하면 의식意識이 발생한다.

'육근六根'이 '육경六境'을 만나 '육입六入'하게 되면 '육식六識'이 발생하게 되는데 무지 때문에 '육진六塵'이 되어 번뇌를 만들게 되는 것이다.

근根 · 진塵 · 식識 또는 근根 · 경境 · 식識이라 하는데 세계와 사람이 살아가는 전부이며 불교 수행의 출발지이다.

18계

육근 · 육경 · 육식을 '십팔계十八界'라 한다. 근 ·
경 · 식 또는 근 · 진 · 식을 합하여 말한 것이다. 우리
가 그 안에 사는데도 복잡하다고 생각할 것이다.
《반야심경》의 '무안계 내지 무의식계' 경문이 바로 십
팔계이다.

'안계에서 의식계까지'라는 말인데 육근 · 육경 · 육
식에 계界를 붙여 '십팔계'라 하는 것이다. '계界'는 경
계 또는 세계라는 말이다. 눈은 눈의 세계가 있고 귀
는 귀의 세계가 있으며, 색은 색의 세계, 소리는 소리
의 세계가 있을 것이다.

세계라는 말은 시간과 공간을 말하며, 근과 경이 유
기적인 관계 속에서 알음알이를 만들어내는 즉 식을
생산하는 현장을 의미한다.

눈의 세계도 끝이 없을 것이고 눈이 상대하는 빛깔의 세계도 끝이 없을 것이다. 귀의 세계도 끝이 없으며 귀가 상대하는 소리의 세계도 끝이 없을 것이다.

18계 가운데 앞의 11계는 물질계이고, 뒤의 7계는 정신계이다. 십팔계는 물질과 정신을 모두 자세히 설명하기 위해서 설해졌다.

예쁜 옷도 입어야 폼이 나고 맛난 음식도 먹어야 그 맛을 알 수 있듯이 부처님 가르침도 익혀야 영험이 생긴다.

기록

　불교는 마음의 종교이다. 마음은 생각과 다르다는 것을 알아야 한다. 마음이 어떻게 생각을 내고, 생각을 어떻게 마음에 저장하는가를 불교는 여러 각도에서 설명하고 있다.

　여기에 심과 의와 식이 등장한다. 마음[心]은 종이이고, 마음의 작용[意]은 붓이고, 생각[識]은 기록물이다. 나란 心에 意로 識하여 기록한 내용물이다.

　심心은 저장칩이고, 의意는 촬영 기사이고, 식識은 마음에 저장된 영상기록이다.
　아마도 지혜로운 기록보다는 무지한 기록이 많을 것이다. 처음에는 본 대로, 들은 대로, 느낀 대로 기록하다가 나중에는 기록한 대로 보고 듣고 느낄 것이다.
　쉽지는 않겠지만 기록에서 자유로워야 한다. 결국, 나는 과거에 찍힌 영상기록이다. 세월이 지나 영상이 희미해지면 자아의 혼란이 온다.

기록되지 않은 전혀 새로운 나를 찾아야 한다. '식識'은 보통 알 식이라 하는데 기록할 지라고도 한다. 그 기록을 업이라 하고 업장이라고 하는 것이다.

업장業障이란 내가 보고 듣고 느낀 기록들이 나를 구속하고 나의 자율을 장애하고 있기 때문이다. 염불은 기록 이전의 나를 회복하는 명상이다. '만법유식' 만 가지 법이 오직 식이라고 했다.

서양의 심리학은 마음에 담긴 내용물을 분석하는 학문이다. 그러나 담긴 내용물은 마음이 아니다. 성능이 아무리 좋은 카메라라 할지라도 카메라 그 자체는 담을 수 없다. 그리고 담긴 내용물을 카메라라고 할 수는 없을 것이다.

지식

　만법이란 세상의 모든 현상을 말한다. 유식을 설하는 불교가 있다. 만 가지 법이 오직 식識이라는 교설이 바로 그것이다.

　세상을 움직이는 힘이 무엇이라 생각하는가? 나를 나라고 하는 근거는 또 무엇이라 생각하는가?

　결론은 지식이다. 종교 · 철학 · 예술 · 과학이 인간의 지식의 산물이고, 신이니 절대자니 하는 것도 인간의 지식의 산물이다. 지식을 떠나 어떤 것이 독립할 수 있겠는가?

　내가 세상을 사는 힘도 내가 가지고 있는 지식이다. 아는 대로 아는 만큼 사는 것이다. 지금보다 더 많이 알았더라면 전혀 다른 삶을 살고 있을 것이다.

지식에는 좋은 지식 나쁜 지식이 있다. 악지식은 나쁜 지식이고, 선지식은 좋은 지식이다. 불법을 깨달아 중생을 선도하는 이를 '선지식'이라 한다.

난해

유식을 설하는 불교에서는 물질계[색법]를 11로 설명하고, 정신계[심법]를 8로 설명하고 있다. 색법의 11이란 「십이처」의 오근과 육경을 말한다. 육근 가운데 '의근'은 심법이기 때문이다.

「오온」의 '색色'은 바로 11색법을 말한다. '수受'는 육식에서 앞의 오식을 말하는데 이것을 '전오식'이라 한다. '상想'은 육식에서 마지막 의식을 말하는데 이를 '제육식'이라고 하는 것이다.

정신계의 마음 작용이 여기서 끝나는 것이 아니다. 육식 외에도 '제칠식'과 '제팔식'을 설한다. 그래서 '행行'은 제칠 말나식이라 하고, '식識'은 제팔 아뢰야식이라 한다.

「오온」의 수 · 상 · 행은 '식'이 이루어지는 과정이다. 일체 모든 현상이 중생의 식에 의해 움직인다. 그렇다면 識이 형성되는 과정을 탐구해야 할 것이다.

앞에서 설명하듯이 불교는 다양한 교설로 '일체법'(물질계와 정신계의 모든 현상과 존재)을 설명하고 있는데, 중생의 무지를 일깨우기 위한 부처님의 자상하고 자비로운 방편이다.

온처계

　불교는 부처님에게 구원을 비는 종교가 아니다. 부처님의 교설을 이해하고 자각하여 실천을 통해 근본 무지를 깨고 지혜를 터득하는 종교이다.

　정신계의 무지를 일깨우기 위해 '오온'을 설하시고, 물질계의 무지를 일깨우기 위해 '십이처'를 설하셨다.

　'식識'은 불교 교설에 매우 중요한 용어이다. 識은 종자이고 윤회의 주체이다. 해탈의 지혜를 이루는 것이 식識을 이해하는 데 있다.

　'전식득지轉識得智'라는 말이 있는데 식을 뒤집어 지혜를 얻는다는 말이다. 법을 알고 지혜를 밝히는 것이 불교의 구원이다.

물질계와 정신계 모두의 무지를 일깨우기 위해 '십팔계'를 설하신 것이다. 오온·십이처·십팔계를 '온·처·계'라 한다. 정신 차리고 또렷한 의식으로 하나하나 알아 가야 한다.

　　불교는 결코 초월적 경계를 설하거나 절대자를 설정하지 않는다. 해탈의 지혜가 바로 우리 삶 속에 있기 때문이다.

지혜

　불교는 깨달음을 통한 지혜를 으뜸으로 한다. 깨달으면 앞의 여덟 가지 식[八識]이 모두 지혜가 된다. 지혜의 명칭만이라도 기억하고 지닌다면 그 공덕이 클 것이다.

　'성소작지成所作智' 전오식을 뒤집어 이루는 지혜이다. 자신의 의지대로 보고 들을 수 있는 지혜를 말한다.

　'묘관찰지妙觀察智' 제육식을 뒤집어 이루는 지혜이다. 일체 현상을 고정된 관념으로 집착하지 않고 묘하게 관찰하는 지혜를 말한다.

　'평등성지平等性智' 제칠식을 뒤집어 이루는 지혜이다. 모든 현상을 열린 마음으로 차별심을 떠나 평등하게 보는 지혜를 말한다.

'대원경지大圓鏡智' 제팔식을 뒤집어 이루는 지혜이다. 크고 둥근 거울 같은 지혜라는 말이다.

밝은 거울은 일체 사물을 비추지만, 그 사물에 물들지 않고 차별하는 마음이 없다. 도를 행하는 사람은 이런 지혜를 알아야 한다.

입문3

유아원 · 초등 · 중등과정을 지나 고등과정이다. 무엇으로 사는가? 인생이란? 그리고 세계의 구조 등을 알았다면 이제 조금 깊은 단계로 진입해야 한다.

인생에서 고등학생이 되는 때가 철학적 사고가 가장 왕성한 시기라고 한다. 생은 무엇이고, 죽음은 무엇인가 하는 문제 등이다.

초등과정의 업에 관한 교설과 중등과정의 사성제와 오온 · 십이처 · 십팔계를 알았다면 그다음은 '십이연기'이다. 十二緣起의 가르침은 생과 사의 문제를 심층적으로 설파하고 있는 부처님의 밝은 가르침이다.

'열두 가지의 연기 고리'[十二緣起]는 부처님께서 인생의 생과 사의 문제를 푸신 해탈의 지혜이다. 생명은 어떻게 태어나서 어떻게 죽음에 이르는가? 그 비밀을 십이연기와 함께 풀어가도록 한 것이다.

불교는 인생의 온갖 문제를 해결하는 매우 구체적이고 완벽한 가르침을 설하고 있는 가장 위대한 철학이며 뛰어난 인문학이다.

먼저 문제를 인식하고 가르침을 믿고 공감하며 깨달음의 지혜를 얻고자 하는 간절한 의지가 필요하다. 이 길은 세속의 길 밖의 또 다른 길이다.

고리

　'열두 가지 연기 고리'는 시간적일 뿐만 아니라 공간
적으로도 마치 그물처럼 엮어져 있다. 비밀도 알아버
리면 상식이 된다.

　'노사老死' 노·병·사의 줄인 말이다. 만물은 늙고
병들고 죽는다. 왜 그럴까? '생生' 생겨나면 필연이기
때문이다. 그러면 왜 태어날까? '유有' 태어날 수밖에
없는 원인이 있기 때문이다. 그 원인은 어떻게 있게
되는 것일까?

　'취取' 탐하고 취하기 때문이다. 왜 탐하고 취하는
가? '애愛' 좋아하기 때문이다. 왜 좋아하는가? '수受'
받아들임이 있기 때문이다. 왜 받아들이는가? '촉觸'
닿임이 있기 때문이다. 왜 닿임이 있는가?

'육입六入' 여섯 감각기관이 있기 때문이다. 여섯 감
각기관은 어떻게 있게 되는 것일까? '명색名色' 명과
색이 있기 때문이다. '명색名色'은 태중에 있는 정신
과 물질의 다른 표현이다.

'식識'은 태중에 들어가 명색을 형성하는 씨앗이고,
'행行'은 무명으로 인한 모든 행위이다. '무명無明'은
위의 전 과정을 진행하게 하는 근본 무지이니 원인과
결과의 연쇄성을 반복적으로 관찰해야 한다.

십이연기十二緣起 즉 열두 가지 연기의 고리인 無
明·行·識·名色·六入·觸·受·愛·取·有·
生·老死 순서대로 읽고 쓰고 명상해야 한다. 가능하
면 한자로 주문을 외우듯이 하면 된다.

역순

　부처님이 정각을 이루시고 연기의 도리를 관찰할 때, 처음에는 과果로 시작하여 인因의 과정을 역逆으로 관觀하셨다. 老死는 生으로 인하여 있고, 生은 有로 인하여 있다.

　有는 取로 인하여 있고 取는 愛로 인하여 있으며, 愛는 受로 인하여 있고 受는 觸으로 인하여 있고 觸은 六入으로 인하여 있으며, 六入은 名色으로 있고 名色은 識으로 인하여 있다.

　識은 行으로 인하여 있고 行은 無明으로 인하여 있음을 차례차례 관찰하셨다. 결국, 무명 때문에 일어나는 이치를 밝히신 것이다.

　다음에는 因으로 시작하여 果의 과정을 順으로 관하시니 무명으로 인하여 행이 있고 행으로 인하여 식이 있으며, 식으로 인하여 명색이 있고 명색으로 인하여 육입이 있으며, 육입으로 인하여 촉이 있고 촉으로 인하여 수가 있고, 수가 있으므로 애가 있고 애가 있으므로 취가 있다.

취가 있으므로 유가 있고 유가 있으므로 생이 있다. 생이 있으므로 결국에는 노사가 있게 됨을 밝히셨다.

'인연생기因緣生起' 모든 현상은 인과 연이 만나 생기生起하는 것이다. 연기는 인연생기의 줄임말이다. 노사에서 시작해서 역逆으로 관찰하는 것을 역관이라 하고, 무명에서 시작해서 순順으로 관찰하는 것을 순관이라 한다.

보고 또 보고, 읽고 또 읽고, 쓰고 또 쓰고 생각하고 또 생각하면서 한 달만 반복하면 익숙해질 것이다. 어렵다고 그만둔다면 천불이 나온다 해도 어찌하지 못할 것이다.

해답

불교는 오해가 많다. 불교는 순수한 명상의 종교였다. 입문에서처럼 부처님 교설을 통해 명상하고 지혜를 밝히는 종교이다. 그러나 다양한 민간 신앙이 유입되면서 현재의 불교가 된 것이다.

'업설業說' 사람은 무엇으로 사는가? '사성제四聖諦' 인생이란 무엇인가? '오온 · 십이처 · 십팔계' 세계는 어떻게 이루어졌으며, 보다 구체적으로 마음은 어떻게 작용하는가?

번뇌란 무엇이고 번뇌를 극복할 수 있는가? 생각은 어떻게 일어나는가? 왜 태어나며 죽음은 왜 있는가? '십이연기十二緣起' 생과 사의 비밀을 명상하라.

불교는 온갖 의문을 명확하게 풀어주는 지혜이다. 불교는 이러한 온갖 의문에 대한 해답이다. 답이란 의문을 위한 것이다. 의문이 없으면 답도 필요가 없다. 의문이 없다면 뛰어난 답일지라도 흥미가 없을 것이다.

유전문

'십이연기'는 생사에 유전하는 유전문이 있고, 깨달음으로 고리를 소멸해 가는 환멸문이 있다. 유전문·환멸문 알아야 깨인다.

유전문은 생·노·병·사로 흘러가는 모양새이고, 환멸문은 깨달음으로 고리를 소멸해 가는 모양새이다. 십이연기는 단순한 나열이 아니다. 치밀한 구성으로 반복의 복잡함을 피하고 있다.

일단은 열두 가지 고리를 충분히 숙지해야 한다. 무명이 있으므로 행이 있고, 행이 있으므로 식이 있다. 식이 있으므로 명색이, 명색이 있으므로 육입이 있다. 육입이 있으므로 촉이, 촉이 있으므로 수가 있다.

수가 있으므로 애가, 애가 있으므로 취가 있고 취가 있으므로 유가, 유가 있으므로 생이 있다. 생이 있으므로 노병사 우비고뇌가 있는 것이다.

이렇게 전전긍긍 유전하는 모양새를 유전문이라 한다. 무명은 전 구간에 밑바탕을 이루고 있다. 무명천에 그려진 문양처럼 말이다.

환멸문

유전문은 미혹으로 흘러드는 문이라면, 환멸문은 깨달음을 열어가는 문이다. 열반의 길이며 해탈의 문이다.

무명無明이 밝아지면 行이 밝아지고, 행行이 밝아지면 識이 밝아지며, 식識이 밝아지면 名色이 밝아진다.

명색名色이 밝아지면 六入이 밝아지고, 육입六入이 밝아지면 觸이 밝아지며, 촉觸이 밝아지면 受가 밝아진다.

수受가 밝아지면 愛가 밝아지고, 애愛가 밝아지면 取가 밝아지며 취取가 밝아지면 有가 밝아진다.

유有가 밝아지면 生이 밝아지고, 생生이 밝아지면 노병사老病死와 우비고뇌憂悲苦惱 일체 번뇌에서 해탈이 이루어진다.

미혹하면 늙고 · 병들고 · 죽는 것이 번뇌가 되지만
깨달으면 근심 · 슬픔 · 고뇌가 보리가 되는 것이다.
알면 해탈이요 모르면 속박이다.

악순환

　'무명無明'은 원초적 무지 · 세 가지 독소, 모든 번뇌와 미혹의 원초적 기지이다. '행行'은 무지로 인한 세 가지 행위이고, '식識'은 제8 아뢰야식 종자식이니 윤회의 씨앗이다.

　'명색名色'은 태중에서 정신과 물질의 결합이니 모태에 종자식이 들어가서 생명이 형성된다.

　'육입六入'은 여섯 감각기관 즉 육근 · 육적이고, '촉觸'은 외부와 접촉하는 즉 육경 · 육진이며, '수受'는 촉에 의한 주관적 느낌 즉 전오식이다. 이상은 태에서 나와서 대상을 접촉하며 느낌을 받는 과정이다.

　'애愛'는 느낌에 대한 좋은 감정 · 갈애, 제육식의 작용이고, '취取'는 좋은 감정에 대한 취착 · 애착 · 탐착으로 좋다 나쁘다는 감정이 발생하는데 좋은 것에 대해서는 집착하는 작용이고, 나쁜 것에 대해서는 거부하려는 심리를 말한다.

좋은 느낌에 대해서 취하려는 것만이 욕심이 아니라 좋지 않은 것에 대해서 저항하는 마음도 결국 욕심이다.

'유有'는 세 갈래 세계 즉 욕애유[욕계], 색애유[색계], 무색유[무색계]를 말한다. 생명이 존재하게 되는 업의 세계이다.

'생生'은 미래의 결과로 다시 태어남이고 '노사老死'는 태어나면 늙고 병들어 죽음을 피할 수 없다. 모든 생명은 이렇게 태어나 이렇게 살다가 이렇게 죽는다. 이 안에 인생의 온갖 문제가 있다. 이렇게 명상하고 개선하는 삶을 살아야 한다.

선순환

  '무명無明'은 세 가지 지혜로 전환하고, '행行'은 세 가지 수행으로의 전환이다.

  '식識'은 전식득지하여 제팔식의 대원경지를 이루고, '명색名色'은 성태 즉 중생의 무지를 밝히고자 출현하는 보살의 태아이어야 한다.

  '육입六入'은 청정한 육근이니 무지한 중생의 업식業識의 몸이 아니다.

  '촉觸'은 경계와의 순수한 접촉이고 '수受'는 전오식의 성소작지를 이루어 무지한 본능적 느낌이 아니라 각성이 깨어나는 오염 되지 않는 맑은 느낌이어야 한다.

  '애愛'는 제육식의 묘관찰지를 이루어 좋다 싫다, 있다 없다 등 흑백논리를 떠난 지혜이다.

'취取'는 제칠식의 평등성지를 이루어 일체 만사를 치우침 없이 있는 그대로 보는 지혜이어야 한다.

'유有'는 보살이 태어날 중생계이고 '생生'은 보살의 원력생이다. 중생은 업력으로 자신의 의지와는 무관하게 태어나지만, 보살은 원력으로 일부러 생을 선택한다.

'노사老死'는 보살의 자비와 지혜가 충만한 인생이니 보살은 이미 늙고 죽음이 없다.

상속

십이연기를 삼세에 걸친 인과로 보는 견해가 있다. 「삼세양중인과三世兩重因果」라고 한다.

'삼세三世'는 과거세 · 현재세 · 미래세이다. '양중兩重'은 두 번의 중첩이라는 말이다. 과거의 因과 현재의 果가 한 겹이고, 현재의 因과 미래의 果가 또 한 겹이다.

과거 · 현재 · 미래에 인과가 두 번 겹쳐 있다는 말이다. 無明 · 行은 과거세의 因이고, 識 · 名色 · 六入 · 觸 · 受는 현재세의 果이다.

愛 · 取 · 有는 현재세의 因이 되고, 生 · 老死는 미래세의 果가 되는 것이다. 복잡한 듯하지만 이치가 명확하다.

부처님 가르침을 약방문이라 하지만 누구나 깨달을
수 있는 진정한 인간학이고 인생학이다. 악순환의 인
과의 고리를 개선하고 선순환의 인과의 고리로 전환
하는 지혜가 여기에 있다.

장애

위의 십이연기를 '혹惑 · 업業 · 고苦' 세 가지 단계로 나누어 관찰하는 지혜가 있다. '고苦'는 좋지 않은 결과를 낳는 문제를 말한다.

'업業'은 문제를 발생케 하는 행위를 말하고 '혹惑'은 무명 · 무지 · 미혹 등의 또 다른 표현이다.

진리에 대한 미혹은 악업을 행하게 하고, 악업은 인생의 온갖 문제[苦]를 발생케 한다. 인간의 모든 문제는 미혹에서 발생한다.

'無明'은 惑이고 '行'은 業이며 '識 · 名色 · 六入 · 觸 · 受'는 苦에 해당한다. '愛 · 取'는 惑이고 '有'는 業이며 '生 · 老死'는 苦이다.

불교의 이런 가르침은 사실 상식이 되어야 한다. 惑이 악업을 짓게 하고 악업은 苦를 낳는다. 모르고 사는 게 참 많다.

혹惑 · 업業 · 고苦를 다시 세 가지 장애[三障]라고 한다. '혹장惑障'은 무지가 심해서 진리를 왜곡하고 지혜를 장애하는 것이다.

'업장業障'은 일이 많고 업이 두터워서 공부하는 수행을 장애하며 '고장苦障'은 삶이 고단하고 몸이 편치 않아 정상적인 생활을 장애한다.

알아야 깨인다. 부처님의 가르침을 찬찬히 알아가다 보면 인생을 관조하는 새로운 지혜가 밝아질 것이다.

생각

생각은 왜 어떻게 일어나는 것일까? 생각은 내가 하고자 해서 하는 생각이 있고, 내 의사와 상관없이 아무런 의식 없이 일어나는 생각도 있다.

생각은 생각이 내는 것이 아니라 마음이 있어 생각이 일어난다. 눈이 보는 기능이 있다면 마음은 생각하는 기능이 있다.

마음이 일방적으로 생각하는 것이 아니라 내가 조건에 의해서 마음으로 생각을 일으키는 것이다. 그래서 생각은 조건에 의해 일어난다.

눈으로 사물을 보거나, 귀로 어떤 소리를 듣거나, 코로 냄새를 맡거나, 혀로 맛을 보거나, 몸으로 어떤 촉감을 만나거나 할 때 생각이 일어난다.

아니면 과거에 기억된 여러 가지 심리적 정보에 의해서 과거 · 현재 · 미래에 대하여 마음이 작동되어 갖가지 생각이 일어나는 것이다.

깨어있는 사람은 일어나는 생각을 알아차리고 생각에 휩쓸리지 않고 내가 지금 하고 있는 생각을 바라보게 된다.

마음 명상은 바로 생각을 바라보는 힘을 강화하는 것이다. 그래서 생각의 노예가 아니라, 생각의 주인이 되는 것이다.

미로

생각이 문제다. 생각은 내가 하는 것이 아니라 그냥 떠오르는 것이다. 내 말이 아니고 심리학에서 하는 이론이다. 떠오른 생각에 붙잡혀 있느냐 지나가게 내버려두느냐가 문제이다.

그냥 지나가게 내버려두어도 아무런 문제가 없다. 문제는 내버려두지 못하고 붙잡혀 있는 것이다. 때로는 일어나는 생각을 지나가게 하라. 나무가 바람을 지나가게 내버려두듯이…

몸으로 행동을 하고, 입으로 말을 하며, 마음으로 생각을 한다는 이치를 명확히 안다면 행동·말·생각을 관리할 수 있을 것이다.

세 가지 행위에서 자유롭다면 이미 해탈인이다. 부처님 가르침은 발생할 문제를 미리 알아차리고 문제가 될 만한 문제를 만들지 않는 것이다.

생각을 바라보라. 바다가 파도를 대하듯 하늘이 구름을 바라보듯 거울이 그림자를 비추듯이 마음으로 생각을 바라보아야 한다.

몸은 '생·노·병·사生老病死'라 하고, 생각은 '생·주·이·멸生住異滅'이라 한다. 生死는 몸이 생하였다가 죽는 것을 말하고, 生滅은 생각이 생겼다가 사라지는 것을 말한다.

어떤 생각이 떠오르는 순간이 生이고, 그 생각이 유지되는 기간을 住라 하며, 그 생각이 전혀 다른 상황으로 바뀌는 것을 異라 하고, 그 생각으로 인한 상황이 종료되는 것을 滅이라 한다.

생각은 한 번에 하나씩만 할 수 있다. 생·주·이·멸, 생·주·이·멸 하며 생각이 오고 갈 때 짧게 끝나는 생각도 있고 길게 이어지는 생각도 있다.

생각이 生하는 그 순간을 알아차리면 구경지 보살이고, 생각이 住하는 기간에 알아차리면 초발심 보살이며, 생각이 異하는 상황에서 알아차리면 소승 보살이다. 문제는 상황이 완전히 종료된 滅의 상태에서 비로소 알아차리고 뒤늦게 후회하는 것이다.

그나마 알아차리기라도 하면 좋겠지만 범부 중생은 상황이 끝나도 모른다는 것이다. 염불 명상의 어묵동정·송문관의·고저장단의 움직임과 고요를 포착하며 생각으로부터 자유를 얻어야 한다.

시동

생각이 전부이며 생각이 지배자다. 생각의 노예가 되어서는 안 된다. 어떻게 하면 생각으로부터 자유로울 수 있을까? 생각이 발생하는 과정을 알아야 한다. 생각은 마음의 현상이다.

육근이 육경을 접촉하면 마음이 작동을 하게 된다. 반드시 그러라는 법은 없다. 깨어있으면 육경을 접촉하더라도 작동하지 않을 수도 있다.

촉觸 · 작의作意 · 수受 · 상想 · 사思[접촉 · 작동 · 접수 · 반응 · 생각]이다. 대개 생각은 이러한 과정으로 발생한다. 접촉이 있어도 마음이 작동하지 않으면 된다. 기계라면 작동이라 하겠지만 마음의 움직임은 '작의作意'라고 한다.

자동차를 생각해 보자. 키를 넣어 접촉하면 시동이 걸리고, 시동이 걸리면 작동이 가능해진다. 마음이 시동이 걸리면 생각이 일어나지만, 마음의 시동이 걸리지 않으면 생각도 일어나지 않는다. 과정을 알고 깨어있으면 생각의 지배에서 자유로울 수 있다.

접촉

주관적 의지[육근]가 객관적 환경[육경]을 만나 생각을 일으키고 그 생각들이 '나'라고 하는 자아를 형성하게 된다. 생각이 일어나는 데에는 나름에 과정이 있다. 먼저 '촉觸'이다.

의지와 환경의 만남이라 할까? 촉觸의 글자에는 뿔 각角이 있다. 살에 뿔이 닿으면 어떤 반응이 일어날까?

두 번째 반응을 '작의作意'라고 한다. 기계 같으면 작동이라 했을 텐데 인간의 의지이기 때문에 작의라고 한 것이다. 반응 즉 작의는 꼭 해야만 하는 것은 아니다.

깨어있는 사람은 하고 안 하고를 선택할 수가 있다. 암튼 생각이 일어나는 과정을 알아두면 마음을 탐구하는 일이 수월해진다.

세 번째 작용은 '수受'이고 네 번째는 '상想'이며 마지막은 '사思'이다. 나머지 설명은 뒤에 이어질 것이다.

작의

'작의作意'라는 말이 좀 생소할 것이다. 모든 생각 모든 행동 모든 언어 이전에 촉觸을 만나 반응할 때 나타나는 과정을 작의라 한다.

'작심作心'이란 말은 마음먹고 행동하거나 말하거나 기획하는 것을 말한다. 작심삼일作心三日이란 말은 마음먹고 하려던 일이 삼 일만에 끝이 났다는 것이다.

기계일 경우 촉觸을 하면 작동하게 된다. 생각이 일어나는 과정에서 주관적 의지[육근]가 객관적 환경[육경]의 촉觸을 당하여 내가 반응을 하느냐, 반응을 하지 않느냐 하는 것은 사람의 의지가 움직이느냐, 의지가 움직이지 않느냐에 따라서 다음 과정이 나타나게 된다.

이때 의지의 움직임을 '작의作意'라 하는 것이다. 일상생활 자체가 촉觸의 연속이며, 자신의 의지가 그에 반응하게 되는 것을 작의라 한다.

느낌

접촉·반응[作意] 그리고 '수受' 느낌이다. 촉觸이 있으면 바로 '수受' 느낌이라 해도 되는데, 그 사이에 작의作意 즉 의지적 반응을 넣었다.

십이연기에서는 '육입·촉·수·애·취' 순으로 촉과 수 사이에 작의作意가 있어야 하고, 수와 애 사이에는 상想과 사思가 들어가야 한다.

오온의 '수·상·행·식'에서도 촉觸과 작의作意와 사思를 생략했다. 원래는 '촉·작의·수·상·사·행·식'이 되어야 할 것이다.

슬로우 비디오처럼 생각이 일어나는 과정을 순간순간 포착해 내가 다양한 환경에 어떻게 반응하며 어떻게 그 상황을 만들어 가는가를 자세히 보여주고 있다.

최초의 '촉'이 있다 해도 자신의 의지가 관심이 없으면 '느낌'이 일어날 수가 없다.

'수受' 느낌에는 세 가지가 있다. '고수苦受' 부정적인 느낌, '낙수樂受' 긍정적인 느낌 '사수捨受' 양극단을 떠난 느낌이다.

상상

  접촉 · 반응 · 느낌이 일어나면 다음 과정은 '상想'이다. 모양 상相 아래 마음 심心이 있는 글자이다. 명사보다는 동사로 보아 생각할 상이다. 생각하는 것과 생각은 다르다.

  '마음으로 모양을 그리다'라는 의미로 아직 정형화되지 않은 어떤 개념을 정의하기 위해 여러 각도에서 상상하는 생각이다.

  '고수苦受' 즉 부정적인 느낌에 대해서는 부정적인 생각이 일어날 것이고 '낙수樂受' 긍정적인 느낌에 대해서는 긍정적인 생각이 전개될 것이다.

  깨어있는 사람에게는 어떤 생각이 오고 가는지 알아차리고 문득 일어난 생각을 주도할 것이다.

알아차리지 못한 사람은 자신이 어떤 생각에 좌우되는지 전혀 알 수 없는 상황에서 하루를 또는 평생을 나도 모르는 생각 속에서 살아갈 것이다.

부처님은 순간순간 일어나는 심리적 상황을 지켜보고 자신의 의지에 의해 주도해 가기를 가르치고 있다. 그래야 괴로움을 줄이고 평안한 삶을 유지할 수 있기 때문이다.

생각

'사思'는 상상想想하다의 '상想'과는 조금 다르다. 사
思가 이루어지려면 상想이 먼저 있어야 한다. 생각이
어떻게 발생하는가를 유식에서는 이렇게 다섯 과정으
로 설명하고 있다.

想이 동사라면 思는 명사이다. 세상은 생각에 의해
돌아가고 있다. 자신의 생각이 자신의 인생이다. 자
신의 생각이 최대의 적이며 동지이다.

생각이 어떻게 발생하는가를 알고 그 과정을 명확히
기억한다면 생각을 다스리는 지혜와 여유가 생긴다.

여기에 해탈이 있다. 정확한 근거가 애매한 생각으
로 인하여 자신의 삶을 힘들게 할 필요는 없다. 생각
은 말이 되고 말은 행동이 되며, 행동은 습관이 되고
습관은 인격이 되며, 인격은 자신의 인생이 될 것이
다.

심경

듣고 보고 읽고 쓰고 생각하라

마음자리에 씨앗을 뿌리듯이

그렇게 음미하고 명상하라

입문4

고등과정을 마치면 대학과정이다. 인생·세계·생사의 이치를 모두 알았으니 배움은 이걸로 충분하다. 대학은 배움의 전당이 아니고 알고 있는 것을 실천하는 곳이어야 한다. 불교학에서 대학과정은 보살의 삶이다.

보살은「6바라밀」실천으로 중생을 이롭게 한다. '상구보리上求菩提' 위로는 깨달음을 구하고 '하화중생下化衆生' 아래로는 중생을 교화하는 것이다.

'보리菩提'의 提는 한자음으로는 제이다. 문제를 제기하다의 제 자로 쓰이는 글자이다. 빨리어의 음을 따라 보리로 발음하게 되었다. 불자는 모두 보살이다. 세상은 사람이 만들어 간다.

신이니 축복이니 해도 사람이 지혜롭게 자비롭게 원력을 가지고 잘 살아야 한다. 결국, 인류를 구원하는 것은 신의 은총이 아니라 사람의 자비·지혜·원력이기 때문이다.

위로는 부처님의 '지혜'를 구하고 아래로는 중생을 구하는 '자비'를 행하며, 이러한 행위가 세세생생 끝없이 이어지기를 염원하는 간절한 '원력'이 있어야 한다.

그러면 어떻게 살 것인가? 대학과정에서 해결해야 하는 화두이다. 나는 이제 보살이 되어 어떻게 살 것인가?

《반야심경》은 보살이 어떻게 살 것인가? 라는 문제의 해답이다. 반야심경은 보살의 6바라밀 실천 헌장이다. 중생은 핑계가 끝이 없다. 벌써 어렵단다.

최상

선가에 '향상일로向上一路'라는 말이 있다. 깨어있다면 향상을 도모해야 한다. 向上一路 한 길로 더 나은 곳을 향하여 나아가라. 바라밀波羅密을 한문으로 번역하면 도피안到彼岸이다. 즉 '저 언덕에 도달하다'라는 말이다.

'차안此岸'은 이 언덕이고 '피안彼岸'은 저 언덕이다. 이 언덕은 세 가지 독소[탐진치]와 번뇌 생사의 중생 마음이고, 저 언덕은 세 가지 수행[계정혜]과 보리 열반의 보살 마음이다.

중생 마음 안에 보살 마음이 있다. 부처님도 중생 마음 안에 있다. 생사윤회는 이 언덕이고 열반적정은 저 언덕이다.

전도몽상은 이 언덕이고 반야지혜는 저 언덕이다. 이 언덕을 저 언덕으로 바꾸는 지혜가 바로 6바라밀의 삶이다. 보시를 나눔으로 지계를 기다림으로 인욕을 받아들임으로 정진은 익힘으로 선정은 비움으로 지혜는 알아차림으로 개선하는 삶이어야 한다.

'마하반야바라밀摩訶般若波羅密'은 '반야지혜로 저 언덕에 도달하자'라는 다짐이다. 불교의 가치는 '최상을 향하여'라고 생각한다.

내일은 오늘보다 나아져야 하고 내년은 올보다 나아져야 하며, 내생은 금생보다 훨씬 나아져야 한다.

원칙

'보시바라밀', 함께 나누는 마음이다. 내 것은 아끼고 남의 것은 탐내는 것이 보통 마음이다. 보살은 이해하고 양보하며 나누는 마음으로 산다.

'지계바라밀', 원칙을 세우는 마음이다. 개념도 원칙도 없이 사는 인생이 보통 인생이다. 보살은 원칙을 세우고 개념 있는 마음으로 산다.

'인욕바라밀', 조건 없이 받아들이는 마음이다. 손해는 조금도 보지 않으려는 것이 보통 마음이다. 보살은 인정하고 존중하는 마음으로 산다.

'정진바라밀', 변함없이 한결같은 마음이다. 대중없이 되는대로 그냥 그렇게들 산다. 보살은 명확한 원력으로 미래를 산다.

'선정바라밀', 늘 평정을 유지하는 마음이다. 보통은 산란한 마음으로 불안정한 삶을 산다. 보살은 언제 어디서나 주체적 자각을 통해 평정심을 유지하며 산다.

'반야바라밀', 언제 어디서나 밝게 깨어있는 마음으로 몸으로 하는 행동을, 입으로 하는 말을, 마음으로 하는 생각을 알아차리고 개선하는 지혜이다.

범부는 아무 생각 없이 그날그날 세월만 지나간다. 보살은 밝은 마음으로 날마다 새롭게 깨어난다.

향상

초기 불전에는 부처님의 다양한 가르침이 있다. 현재의 삶을 돌아보게 하는 지혜의 가르침이다. 세상에는 네 종류의 사람이 있다.

첫째는 어둠에서 어둠으로 가는 사람이다. 과거의 업장으로 고된 삶을 살면서도 세 가지 행위[三業]를 개선하지 않는 사람이다.

둘째는 어둠에서 광명으로 가는 사람이다. 과거의 업장으로 고된 삶을 살아가지만 세 가지 수행[三學]으로 세 가지 행위를 개선하며 살아가는 인생이다.

셋째는 광명에서 광명으로 가는 사람이다. 과거의 공덕으로 복된 삶을 살고 있으면서도 여섯 가지 바라밀을 실천하며 사는 인생이다.

넷째는 광명에서 어둠으로 가는 사람이다. 과거의 공덕으로 복된 삶을 살고 있지만, 더 공덕을 닦지 않고 세 가지 독소[三毒]로 사는 인생이다.

공식을 알면 불교가 보이고 인생이 보이며 행복이 보인다. 오늘의 삶이 내일로 이어지고 올해의 삶이 내년으로 이어지며 금생의 삶이 내생으로 이어진다.

지금

불교의 모든 경전은 그 자체만으로 뛰어난 명상이다. 일체법[제법]의 공성空性을 노래하고 있는 《반야심경》은 마음 명상의 꽃이다.

보살의 길과 깨달음의 비밀은 이미 다 설해졌다. 이제 그것을 명상하고 긍정하고 수용하라. 있는 그대로를 인정하라. 그리고 그렇게 살도록 깨어있으라.

살아있다는 것은 희망이요 가능성이다. 생각만 해도 벅차지 않는가? 깨어있지 못하면 누려야 할 행복들이 지나가 버리고 만다.

경문을 듣고 · 보고 · 읽고 · 쓰고 · 생각하라. 한 자, 한 자를 꼭꼭 씹듯이 마음자리에 씨를 뿌리듯이 그렇게 음미하고 명상하라.

깨달음은, 행복은 바로 지금이지 다음이 아니다. 살아있으라! 매일 매일을 새롭게 시작하라. 낡은 껍질에서 벗어나라! 의식하는 만큼 나는 살아있다.

경명

　《반야심경》은 보살의 삶을 일깨우는 밝은 주문이며, 중생의 무지를 밝히는 깨침의 미학이다. 사람의 의식이 깨어야 세상도 밝아진다.

　모든 경전에는 육하원칙의 과목이 나누어져 있다. 과한 해설은 생략하고 경의 구성을 아는데 뜻을 두고 경문의 과목을 나누어 간략하게 설명하였다.
　《반야심경》을 일단 크게 세 부분으로 나누어 놓는다. 첫째는 경명이고, 둘째는 본문이며, 셋째는 주문이다.

첫째, 경명
摩訶般若波羅密多心經
제목을 넓은 의미로 풀어보면 아래와 같다.
　"광대하고 원만하며 걸림 없는 반야지혜 명상으로 행복하게 지혜롭게 올바르게 깨인 삶을 열어가는 세상에서 가장 존귀하신 부처님의 가르침이니라."

이 문장을 몇 번 반복해서 낭송하길 바란다. 광대·
원만·무애는 반야지혜의 정의이고, 행복·지혜·올
바름은 보살의 원력이다.

'광대·원만·무애'는 여러 경전의 경명에 다양하게
그 의미를 포함하고 있다. 《반야심경》의 '마하'가 그렇
고 《금강경》의 '금강'이 그렇고 《화엄경》의 '대방광'이
그렇다.

《천수경》의 경명인 「천수천안 관자재보살 광대 원만
무애 대비심 대다라니」를 보면 명확하다.

'광대'는 체를, '원만'은 상을, '무애'는 용을 의미한
다. '체體·상相·용用'은 반야지혜의 세 가지 측면을
설명하는 공식이기도 하며, 모든 존재와 마음의 세 가
지 측면을 이해하는 공식이다.

선지식

인간의 최대의 적은 무지이다. 무지의 근원을 깨달으신 부처님은 중생의 무지를 일깨우기 위해 일생을 다하셨다.

세상에는 수많은 지식이 난무하고 있다. 인간의 무지를 더하는 미혹한 지식은 넘쳐나고, 무지를 일깨우는 진실한 지식은 참으로 드물다.

끝없는 무지의 함정으로 몰아가는 지식은 악지식惡知識이다. 나쁜 지식이란 인간의 의식을 타락으로 이끈다. 미혹은 미혹을 더하고 무지는 무지를 낳는다.

무지의 어둠에서 벗어나야 한다. 세상에서 보기 드문 선지식善知識을 만나야 한다. 좋은 지식이란 무지의 굴레에서 해탈하는 지식이다. 밝고 지혜로운 지식을 갖춘 이를 '善知識'이라 한다.

「지심귀명례 서건동진 급아해동 역대전등 제대조사
천하종사 일체미진수 제대선지식」

서론

둘째, 본문을 다시 셋으로 나눈다.

1, 서론 = 관자재보살 ∼ 도일체고액

2, 본론 = 사리자 ∼ 득아뇩다라삼먁삼보리

3, 결론 = 고지반야바라밀다 ∼ 진실불허

본문 가운데 1, 서론을 넷으로 나눈다.

觀自在菩薩

"중생을 살피시는 자비와 지혜의 관이 자재하신 보살께서"

첫째는 수행하는 사람이다. 행복을 꿈꾸는 이라면 모두 보살이다.

行深般若波羅密多時

"무지에서 깨침으로 나아가는 반야의 삶을 실행할 때"

둘째는 수행하는 덕목이다. 보살의 수행 덕목은 여섯 가지 바라밀이다. '반야바라밀'은 여섯 가지 바라밀을 총칭한 것이다.

照見五蘊皆空

"몸과 물질을 이루고 있는 색과 마음의 네 가지 기능인 수·상·행·식 다섯 가지 결합이 모두 실체가 없는 공한 본성임을 비추어 보고"

셋째는 수행하는 내용이다. 5온은 12처·18계를 포함한 일체를 말한다.

度一切苦厄

"온갖 괴로움의 문제를 해결하느니라."

넷째는 수행하는 이익이다. 모든 수행의 가치는 일체고액을 해결하는 것이다. 반야심경은 모든 고통과 액난을 소멸하는 자각의 보석이다.

낭송

"광대하고 원만하며 걸림 없는 반야지혜 명상으로 행복하게 지혜롭게 올바르게 깨인 삶을 열어가는 존귀하신 부처님의 가르침이니라.

중생을 살피는 자비와 지혜의 관이 자재하신 보살께서 무지에서 깨침으로 나아가는 반야의 삶을 실행할 때, 몸과 마음을 이루고 있는 색과 수·상·행·식 다섯 가지 결합이 모두 실체가 없는 공한 본성임을 비추어 보고 온갖 괴로움의 문제를 해결하느니라."

'일체一切'는 5온이다. 몸과 감각 대상을 이루고 있는 물질인 '색'과 마음의 감각기능을 이루고 있는 '수·상·행·식'을 떠나서는 우주와 세계도 존재할 수 없다. 공空하다는 것은 인연으로 존재하는 모든 존재와 현상을 말한다.

우주 · 세계 · 마음 · 몸에 이르기까지 일체는 인연의 도리에서 벗어날 수 없다. 모든 법의 공한 본성[空性]을 알아야 한다.

심성은 업성이고 업성은 공성이다. 공성은 진성이고 진성이 곧 각성覺性이니 인성에 감성 · 이성 · 지성이 있고 지성 너머에 각성이 있다.

각성이 바로 불성이며 불성이 법성이며, 이 모든 것은 자성으로 통섭이다. 불교는 어렵지 않다. 공식을 알면 진리가 보인다.

공성 나아가 자성을 알아야 비로소 불교를 알고 공성을 알기 때문에 문제를 해결할 수 있다.

본론

《반야심경》은 보살이 一切苦厄을 度하기 위해서 五蘊皆空을 照見하는 내용이다.

둘째 본문에서 2, 본론을 넷으로 나눈다.

ㄱ, 왜 공한가?
舍利子 ～ 亦復如是

ㄴ, 공한 모양
舍利子 ～ 不增不減

ㄷ, 무엇이 공한가?
是故空中 ～ 無智亦無得

ㄹ, 무엇을 얻는가?
以無所得 ～ 阿耨多羅三藐三菩提

'ㄱ·ㄴ·ㄷ'은 照見五蘊皆空을 거듭거듭 밝히고
'ㄹ'은 度一切苦厄을 밝히는 내용이다.

짧은 경전이지만 완벽한 구성과 뛰어난 이론으로 공
성의 위대한 진리를 설하고 있다.

《반야심경》은 五蘊皆空을 照見하는 것이 본론이다.
서론에서 언급한 내용을 본론에서 구체적으로 다루고
있는 셈이다.

《반야심경》을 한자로 사경하는 인연이 되었으면 좋
겠다. 또박또박 한 자, 한 자 제목·서론·본론 순으
로 익혀간다면 이번에는 성공하리라 본다. 불법의 영
험이 여기에 있다.

누가

　불교의 모든 경전은 나름의 원칙이 있다. 그리고 논리적이고 조직적이다. 다만 마음을 기울여 비추어 보아야 한다.

누가?

觀自在菩薩

행복을 꿈꾸는 이라면 모두 보살이다.

언제?

行深般若波羅密多時

깊은 반야바라밀다를 실행할 때.

무엇을?

五蘊皆空

일체는 모두 공한 본성으로 이루어져 있다는 것을.

어떻게?

照見

비추어 보는 것이다. 정성으로 경문을 듣고ㆍ보고ㆍ읽고ㆍ쓰고ㆍ명상하는 것이 照見이다.

왜?

度一切苦厄

삶의 모든 고난과 문제를 해결하기 위해서이다. 이보다 위대한 가르침이 있을까? 반야심경은 결코 신의 계시나 초월적 가르침이 아니다.

상식이며 현실이며 인생이다. 인생의 온갖 문제를 해결하는 탁월한 지혜가 여기에 있다. 모든 것은 지나간다. 지나간 것은 공성의 메아리이다. 지나간 것만이 아니라 오지 않은 것도 결국 지나가고 만다.

ㄱ, 왜 공한가?

12처 · 18계 · 5온은 용어는 다르지만 같은 말이다. 오온이 공하다는 것은 십이처 · 십팔계도 공하다는 것이다. 이미 앞장에서 구체적으로 설명한 내용이다.

舍利子

"사리자여, 다섯 가지 결합이 모두 공한 까닭은 이러하니라."

사리자는 십대제자 가운데 지혜제일 사리불이다.

色不異空

"현상계인 물질이 본질계인 공성과 다르지 않고"

현상계에 미혹한 범부를 위한 법문이다. 범부는 현상계에 대한 강한 집착이 병이기 때문이다.

空不異色

"본질계인 공성이 그대로 현상계인 물질과 다르지 않기 때문에"

본질계에 미혹한 소승보살을 위한 법문이다. 소승보살은 空이 진정한 진리라고 착각한다.

色卽是空 空卽是色

"물질이 그대로 공성이며, 공성이 그대로 물질계이니."

대승보살을 위한 법문이다. 대승보살이 이것과 저것에 치우치지 않고 모든 법을 평등하게 보는 지혜이다.

受想行識 亦復如是

"전오식의 감수작용[受]과 제6식의 지각작용[想]과 제7식의 의지작용[行]과 제8식의 인식작용[識]도 모두 이와 같느니라."

5온五蘊 가운데, '色' 하나만을 구체적인 예로 들어 제시해 놓고, '受 · 想 · 行 · 識'도 色의 경우와 같다고 하신 것이다.

ㄱ, 왜 공한가?

낭송

"사리자여! 다섯 가지 결합이 모두 공한 까닭은 이러하니라. 현상계인 물질이 본질계인 공성과 다르지 않아서 공성이 그대로 물질이며, 본질계인 공성이 그대로 현상계인 물질이기 때문에 물질이 공성과 다르지 않느니라.

전5식의 감수작용[受]과 제6식의 지각작용[想]과 제7식의 의지작용[行]과 제8식의 인식작용[識]도 모두 색의 경우와 같느니라."

'색'은 현상계이고 '공'은 본질계이다. 배와 등은 둘이 아니다. 등이 있기 때문에 배가 있을 수 있다. 보이는 것은 보이지 않는 것과 다르지 않고, 들리는 것은 들리지 않는 것과 다르지 않다.

모든 현상은 양면으로 이루어져 있다. 보살은 이것과 저것을 동시에 비추어 보는 지혜로 어디에도 집착하지 말아야 한다. 집착하면 일체고액一切苦厄이 발생하기 때문이다.

ㄴ, 공한 모양

舍利子

"사리자여"

다시 이름을 불러 주의를 기울이게 하다.

是諸法空相

"제법의 공상은[모든 법의 공한 본성이란]"

여기서 제법諸法은 5온·12처·18계 등이고 공상 空相은 공성空性으로 이해되어야 한다.

不生不滅

"새롭게 생겨나는 것도 아니고, 없어지는 것도 아니 며"

공성空性이란 모든 존재 속에 상주하는 광명이다. 빛은 사라지지 않는다. 다만 가려질 뿐이다.

不垢不淨

"더러워지거나 깨끗해지는 일이 없으며"

깨끗하다는 말은 더러움을 전제로 하는 말이다. 더러운 일이 없다면 깨끗하다는 말도 필요치 않다.

不增不減
"늘어나거나 줄어드는 것도 아니니라."

질적으로는 더럽거나 깨끗하지도 않으며, 양적으로는 늘어나거나 줄어드는 것도 아니라 하니 질량 불변의 이치이다.

ㄷ. 무엇이 공한가?

모든 법[諸法, 5온·12처·18계·12연기·4성제 등]의 공한 본성을 구체적으로 나열하여 설파하는 대목이다.

是故空中
"그러므로 공성의 차원에서 비추어 보면"
모든 존재와 현상의 일체법을 공성으로 보아야 한다.

無色 無受想行識
"몸과 객관대상을 이루고 있는 물질계인 色이 없으며, 마음과 인식기능을 이루고 있는 전5식의 감각작용인 수受와 제6식의 생각작용인 상想과 제7식의 식별작용인 행行과 제8식의 인지작용인 식識도 없느니라."

먼저 5온五蘊에 대한 관찰이다. 일체는 공성空性을 떠나서는 존재할 수 없다. 그러므로 공성空性의 차원에서 비추어 보면 5온五蘊[일체]이 개공皆空인 것이다.

12처가 없다

'5온'은 정신계를 넓혀 설명하였다면 '12처'는 물질계를 넓혀 설명한 교설이다. 5온이든, 12처든 인연에 의해 존재하기 때문에 공성의 차원에서 비추어 보면 모두가 공한 본성으로 이루어졌다는 것이다.

無眼耳鼻舌身意
"주관적 감각기관인 눈과 귀, 코와 혀, 몸과 의식도 없으며"

無色聲香味觸法
"객관적 감각 대상인 빛깔과 모양, 소리와 냄새, 맛과 감촉, 의식의 대상인 법도 없느니라."

일체란 모든 존재와 현상을 이르는 말이다. 5온이나 12처가 일체라고 할 때 여기에 포섭되지 않는 존재는 아무것도 없다.

이렇게 믿고 이렇게 알며 이렇게 비추어 보아야 한다. 그래야만 번뇌는 줄고, 지혜가 밝아지기 때문이다.

18계도 없다

5온·12처에 이어 18계를 비추어 보다. '5온五蘊'은 대승보살인 상근기를 위한 법문이고 '12처十二處'는 소승보살인 중근기를 위한 법문이라면 '18계'는 물질과 정신 모두에 어두운 발심범부를 위한 법문이다.

배우지 않으면 알기 어렵다. 어찌 불법뿐이겠는가? 지극히 사소한 것일지라도 배워야 실수가 없다. 부디 가까운 공부 도량을 찾아 마음 밝히는 공부에 투자하기를 망설이지 말았으면 좋겠다.

無眼界 乃至 無意識界

"眼根의 활동영역인 눈의 세계와 耳根의 활동영역인 귀의 세계와 身根의 활동영역인 몸의 세계와 나아가 意識의 활동영역인 의식의 세계까지도 없느니라."

'안계眼界'는 여섯 감각기관의 첫 번째인 眼根이고 '내지乃至'는 중간생략이라는 말이다. '意識界'는 여섯 인식작용의 마지막인 意識이다.

6근·6경·6식에다 계界를 붙여 18界라 한다. 육근계에서 '眼根'을 취하고, 육식계에서 '意識'을 취해 중간의 16개는 '乃至'라는 말속에 담아 생략한 것이다.

'일체법'에는 세간을 이루고 있는 세간법과 세간에서 벗어나는 법의 출세간법이 있다.

이상은 세간법에 대한 照見이고, 다음 장은 출세간법에 대한 조견照見이다.

18계도 없다

무무무

5온 · 12처 · 18계는 世間法이다. '세간법'이란, 중
생이 사는 세계를 세간이라 하고, 중생이 사는 세계를
구성하고 있는 법을 말한다.

세간을 이루고 있는 '5온 · 12처 · 18계'는 시간적으
론 '무상無常'하고, 공간적으론 '무아無我'이며, 본질
적으론 '공空'이고, 현상적으론 '고苦'이다.

無常하고 無我이기 때문에 苦이다. 무상하고 무아
이기 때문에 空이다. 제법의 空性을 깨달을 때 苦의
문제를 풀 수 있다.

일체는 五蘊이며 十二處이며 十八界임을 알라. 또
5온이 12처이고, 5온이 18계이며, 12처가 5온이
고, 18계가 5온임을 알라.

부처님은 세상에 둘도 없는 자상한 스승이시다. 五
蘊皆空 — 十二處皆空 — 十八界皆空을 照見하라.
그러면 아집我執을 타파하고 아공我空을 얻게 된다.

12연기

'출세간법'은 세 가지 독소[탐진치]가 난무하는 세간의 문제를 벗어나는 가르침이다. 부처님의 가르침을 방편설이라 한다.

방편설이란, 미혹을 깨우치기 위한 수단이란 말이다. 이미 깨달음을 얻었으면 수단은 중요하지 않다. 강을 건넜다면 배는 두고 가야 한다.

모든 법은 공성이다. 깨달음도 마찬가지이다. 고의 문제를 해결했다면 아무리 위대한 가르침이라도 더 필요하지 않을 것이다.

깨달음과 미혹의 비밀을 설파하신 12연기十二緣起의 공성을 비추어 보다.

無無明 亦無無明盡
"문제의 근본 원인인 무명도 없고, 또한 무명을 극복한 깨달음의 특별한 경지도 없다."

乃至

"行과 識, 名色과 六入, 觸과 受, 愛와 取, 有와 生도 없으며"

'내지乃至'라는 두 자에 위와 같은 문장이 생략되어 있다. 즉 12연기의 첫 고리인 '無明'과 나아가 마지막 고리인 '老死'만을 들어서 중간의 10개의 고리가 '乃至'에 생략된 경우이다.

無老死 亦無老死盡

"인생의 현상인 늙고 죽음도 없고, 늙고 죽음에서 벗어난 특정한 경지도 없다."

지금 바로 이 순간 나는 깨어있는가? 지금 바로 이 순간 나는 행복한가?

진정한 보살에게는 태어나서 성장하고 늙어 가는 것이 즐거움이 될 수도 있고, 병들어 신음하며 죽음마저도 축복이 될 수 있다.

4성제

無苦集滅道

"괴로움인 꿈의 진리와 괴로움의 원인인 集의 진리와 괴로움의 소멸인 滅의 진리와 괴로움의 소멸인 滅에 이르는 道의 진리도 없다."

無智亦無得

"깨달음의 지혜라고 할 만한 것도 없고, 깨달음을 얻었노라 할 만한 것도 없느니라."

공성空性의 차원에서는 있다 해도 아득하고 없다 해도 조사의 몽둥이를 면하지 못한다. 그렇다면 어찌해야 할까?

있다는 분별도 내지 말고, 없다는 견해도 내지 말라. 빈 하늘에 구름이 무심히 오가듯이 그물에 걸림 없이 지나가는 바람같이 아무 일도 없는 듯이 그렇게 명상하라.

ㄹ. 무엇을 얻는가

以無所得故

"깨달음을 얻었노라 할 만한 것이 없기 때문에"

이 경문은 앞의 문장을 맺고 뒤의 문장을 이어주는 경문이다.

菩提薩埵

"보살은"

공성의 진리를 체득한 대승보살이다.

依般若波羅密多故 心無罣碍

"제법의 공한 본성을 체득한 지혜로운 삶에 의지하기 때문에 어디에도 걸림이 없고"

無罣碍故 無有恐怖

"걸림이 없기 때문에 두려운 마음이 없으며"

遠離顚倒夢想

"끝내는 뒤바뀐 헛된 꿈이나 과대한 망상에서 벗어나"

究竟涅槃

"완전한 평화를 이루느니라."

중생은 전도몽상으로 고단한 삶을 이어가고, 보살은 반야로운 삶의 실천으로 구경열반에 이르러 중생의 삶을 위로하신다.

《반야심경》은 매일 복용하는 지혜 보약이다.

삼세제불

三世諸佛

"과거세의 부처님, 현재세의 부처님, 미래세의 부처님도"

依般若波羅密多故

"제법의 공한 본성을 체득한 반야로운 삶에 의지하기 때문에"

得阿耨多羅三藐三菩提

"가장 보편적이고 완전한 최상의 깨달음을 얻느니라."

앞장 경문은 보살의 완성이고, 위 경문은 삼세제불의 완성이다.

이로써 본론의 경문을 마친다. 서론에서 언급했듯이 반야심경은 일체의 모든 존재 또는 일체의 모든 현상의 공한 본성을 비추어 보는 것이다. 「원리전도몽상 구경열반 아뇩다라삼먁삼보리」가 나에게 있다.

신통

앞에서 경문을 제목 · 본문 · 주문으로 나누고 다시 본문을 서론 · 본론 · 결론으로 나누었는데 이제 본문에서 결론의 경문에 이르렀다.

말이나 글이란 아무리 잘한다 해도 그 뜻을 온전히 다 전할 수 없다. 깨달음은 의식의 전환이다. 깨달음은 글이나 말에 있는 것이 아니라 글이나 말을 통해 마음에서 일어나는 것이다.

경經이란, 신통한 능력이 있다. 마음 또한 신통한 능력을 지니고 있다. 어디서든 듣고 · 보고 · 읽고 · 쓰고 · 명상하는 가운데 볼 수 있으면 볼 것이요, 쓸 수 있으면 쓸 것이며, 읽을 수 있으면 읽고, 생각할 수 있으면 생각하라.

쌓이고 겹치는 삶의 먼지를 이렇게 씻어내고 반야심경의 밝고 신통한 주문으로 오늘도 마음의 신통한 능력을 클릭하라.

그러므로

둘째, 분문 셋 가운데 마지막 결론이다.

《반야심경》은 과거도 아니고 미래도 아니며 지금 현재 이 순간 설해지고 있는 설법이다.

故知般若波羅密多
"그러므로 알라! 제법의 공한 본성을 체득한 지혜로운 가르침은"

是大神呪
"세상에서 가장 신비로운 주문이며"
是大明呪
"무지의 어둠을 밝히는 가장 밝은 주문이며"
是無上呪
"세상에서 가장 위대한 주문이며"
是無等等呪
"무엇과도 견줄 수 없는 가장 보편적 주문이니라."

'주呪'라는 말은 진실한 언어라는 뜻이다. 마음을 모아 지속으로 염송을 하게 되면 마음이 밝아지고 평안한 마음을 유지하게 된다.

그러므로 대신주大神呪이며, 대명주大明呪이며, 무상주無上呪이고, 무등등주無等等呪인 것이다. 불법의 영험이 분명 여기에 있다.

『염불명상』은 깨어있는 습관이다. 깨어있으면 밝아지고, 밝아지면 맑아지고 맑아지면 모든 법의 공성을 비추어 보게 된다. 삶은 진정 고가 아니다.

진실불허

能除一切苦
"온갖 문제를 해결할 수 있으며"
 서론의 '度一切苦厄'을 결론에서는 '能除一切苦'라
한 것이다.

 인생은 문제의 연속이다. 그리고 문제도 갖가지이
다. 어리석은 사람에게는 문제가 아닌 것도 문제가 되
고, 지혜로운 사람에게는 심각한 문제일지라도 문제
가 되지 않을 수 있다.

眞實不虛
"진실하여 결코, 헛되지 않나니 이같이 믿고 받들어
명상할지니라."

《반야심경》은 문자가 아니다. 한 자, 한 자가 마음의
신통을 여는 지혜이다. 새기고 또 새겨서 보석이 되도
록 할 일이다.

주문

故說
"그러므로 설하노라"

般若波羅密多呪
"제법의 공한 본성을 체득한 지혜로운 삶의 노래를"

卽說呪曰
"지혜로운 삶의 노래는 곧 이러하니라"
"아제아제 바라아제 바라승아제 모지사바하"
(3번)

알면서 행하지 않는 것보다 몰라서 행하지 못하는 것이 훨씬 많다는 것을 인정해야 한다.

이제《반야심경》의 마지막 단원인 주문을 설한다. 말과 글로 다하지 못한 깨달음의 비밀을 주문으로 말씀하고 계신다.

위의 모든 경문이 그대로 주문이다. 단지 보살의 실천행을 강조하고 공성의 진리를 밝히는 주문이다.

이제 설하는 주문은 위의 깨달음의 가르침을 행하겠노라는 굳건한 다짐의 구호이다.
강력한 의지를 담아 만세 삼창을 하듯이 보살의 삶에서 물러나지 않고 상구보리 하화중생의 간절한 염원을 담아 힘차게 노래해야 할 일이다.

행복은 순간순간 일어나는 심리적 기분에 있다. 오늘 아침을 어떤 기분으로 시작할 것인가 반야로운 삶의 행복한 노래를 부르라. 영원한 클래식 불멸의 위대한 노래를~

신변

초기 경전에 나오는 세 가지 신변이 있다. 신변이 란, 신통으로 나타내는 변화력을 말한다.

첫째는 신통신변神通神變이다.
문자 그대로 기적 같은 신통 변화이니 공중을 난다 든지, 물 위를 걷는다든지, 허공에 앉는다든지, 몇 개 의 떡과 두 마리의 생선으로 5천 명의 식사를 만들어 내고, 물로 포도주를 만드는 것 등을 말할 수 있다.

불전에 나타난 숱한 기적들, 룸비니 동산의 기적, 천신에 제사 지내는 얘기, 마야부인을 위한 도리천궁 왕래, 우전국왕이 조성한 최초의 불상, 신통 제일 목 련존자와 빈두로 존자 얘기, 달마대사에 관한 신통 얘 기 등 천안·천이·신족·타심, 숙명·루진통 등 신 통에 관한 일화가 참 많다.

두 번째는 기설신변記說神變이다.

점을 쳐서 미래를 예언한다든지, 신의 계시를 따라 닥쳐올 일을 말한다든지 풍수 · 지리 · 천문 · 의서 · 역서 등 이것에 관해서도 많은 얘기가 있다.

세 번째는 교계신변教誡神變이라는 것이다.

이렇게 행하라 이렇게는 행하지 말아라. 이렇게 알아라. 이렇게는 알지 말아라. 이렇게 사색하라 이렇게는 사색하지 말아라. 이것은 버리고 이것은 체득하라 하는 것 등이다.

교계 즉 부처님의 가르침을 의지해서 계 · 정 · 혜 삼학으로 탐 · 진 · 치 삼독을 잘 다스려 침묵 · 고요 · 평화에 머무는 신통을 말한다.

반야심경에서 말하는 공성을 바탕으로 6바라밀을 실천하고 보살행을 성취하는 신통으로 일체중생을 저 언덕으로 나아가게 하는 것이 바로 교계신통인 것이다.

순서

이해하고 용서하라

감사하고 사랑하라

이것이 진정한 행복이다

무엇보다 만사에 순서가 중요하다

무엇을 어떻게 아는가

나는 몸이 있어 그 몸으로 온갖 행동을 하고, 마음이 있어 그 마음으로 오만 생각을 하며, 기분·감정·생각·기억 등 심리적인 활동을 하면서 산다.

여기서 몸과 마음 그리고 나를 분리하지 못하고 자신도 인식하지 못하는 가운데 지나치게 동일시하는 것은 주체적 자각에 있어서 매우 위험한 일이다.

행동은 몸이 하는 것이 아니라 분명히 내가 몸으로 하는 것이며, 생각도 마음이 아니라 내가 마음으로 오만 생각을 하기 때문이다.

또 몸과 마음에 대해서 기분이나 감정 나아가 기억에 이르기까지 어느 정도 내가 파악하고 있는 정보가 많다. 따라서 몸은 몸이고, 마음은 마음이며, 나는 나라고 분명히 경계를 나누어 몸과 몸의 상태, 마음과 마음의 상황을 내가 주도해야 한다.

무엇을 어떻게 알고 사는가는 매우 중요하다. 어쩌면 아는 것이 나이고, 내 삶의 전부일 것이니 아는 만큼 생각하고 아는 만큼 보고 아는 만큼 삶이 달라질 것이다.

선가에 마음에 속지 말고 마음을 너무 믿지 말라는 말이 있다. 마음은 아는 방향으로 쉽게 움직이는 속성이 있다. 선이 무엇이며, 바름이 무엇인지 알아버리면 마음은 다시는 악이나 바르지 못한 방향으로 나가지 않을 것이다.

따라서 몸과 마음은 그리고 나는 내가 주도해서 철저히 관리하지 못하면 어느 순간 몸은 몸대로, 마음은 마음대로, 나는 나대로 심각한 문제를 발생할 수 있다. 이렇게 알고 이렇게 살아야 한다.

장미도 간다

6월도 가고 장미도 간다. 무상은 깨달음을 안내하는 지혜의 천사이고, 문제를 해결하는 자비의 여신이다. 무상하기 때문에 모든 것이 존재할 수 있다는 공성의 자각은 삶의 축복이다.

무상하기에 변할 수 있고 고단함을 이길 수 있다. 무상하기에 오늘을 견딜 수 있고 한계를 극복하고 희망을 바랄 수 있다.

가야만 하는가? 가야만 한다. 무상은 자연의 섭리이고 진리의 법칙이다. 신이 할 수 있는 일은 아무것도 없다.

덧없음을 받아들이고 깊이 명상해야 한다. 오늘은 처음으로 맞는 날이며 최후로 사는 날이다. 다시는 되돌아올 수 없는 길을 매일 가고 있는 것이다. 만사는 마음가짐에 달려 있다. 만고의 진리이다.

무상은 공성의 다른 표현이다. 제행무상 · 제법무아 진리를 알라! 진리가 우리를 자유롭게 하리라.

전설

　오래전부터 佛家에 전해오는 전설 같은 얘기가 있는데, 조건 없는 나눔을 행하고 복덕을 성취하는 데는 《금강경》이 제일이요.

　오온개공의 사실을 비추어 보고서 인생의 온갖 고액을 해결하는 데는 《반야심경》이요.

　관음보살 칭송하고 원력을 세워 모든 소원을 이루는 데는 《천수경》이 제일이요.

　마음을 밝히고 경계를 넘어 거룩한 믿음에 이르는 데는 《신심명》이 제일이요.

　단박에 깨달아 도인이 되는 데는 《증도가》가 으뜸이요

　무상법문으로 허망한 육신에서 해탈 자유를 얻는 데는 《무상계》가 제일이요.

　평생 심심하지 않게 가지고 놀기에는 《화엄경》의 마니보주 하나면 족하다는 것이다.

말말말

한마디 말이 기쁨을 주고 한마디 말이 아픔을 주기도 한다. 말은 가시가 되기도 하고 사탕이 되기도 한다.

말은 독이 될 수도 있고 약이 될 수도 있다. 말 한마디에 천 냥 빚을 갚기도 하고 한마디 말에 웬수가 되기도 한다.

한마디 말이 모자라서 다가설 수 없는 사람도 있고, 한마디 말이 많아서 불화를 만들기도 한다. 하기 쉬운 말이라고 생각 없이 해서는 안 된다.

淨口業眞言
"수리수리 마하수리 수수리 사바하"

말은 입이 하는 것이 아니라 입으로 한다는 것을 비추어 보고 서로 위로가 되는 말을 하면 좋을 것이다.

배설

낮과 밤 가운데 무엇이 더 중요할까? 먹는 것과 싸는 것 가운데 무엇이 더 중요할까? 아침에 일어나는 것은 중요하지 않다. 밤에 자는 것이 더 중요할 것이다. 먹는 것도 싸는 것보다 중요하지 않다.

잘 싸야 잘 먹을 수 있고, 잘 자야 잘 활동할 수 있으며 잘 쉬어야 건강할 수 있다. 누구나 다 아는 것을 실천할 수 있어야 한다.

지혜는 아는 것이 아니라 실천하는 것이다. 먹으면 싸야 하듯이 실천했으면 버려야 한다. 그물을 지나가는 바람처럼 늘 자유롭기를…

마음 명상은 부처님 명상이다.
나는 부처님이다.
나는 부처님이야!
하루 세 번 우리도 부처님같이 명상하라.

평안

희망을 불교식으로 말한다면 원력이다.

불자는 희망 즉 원력으로 산다. 원력이란, 희망이란 어디에서 나올까?

먼저 현실에 대한 긍정하는 마음가짐이다. 둘째는 스스로에 대한 절대적 믿음이다. 셋째는 철저한 자기 주체성에 대한 자각이다.

어쩌면 부처님의 가르침은 바로 이런 것일 것이다. 이런 원력과 희망으로 세상을 살아가는 삶의 지혜를 밝히고, 맹목적인 집착과 분노를 알아차리고, 깨어있는 의식으로 마음의 평안을 유지하는 것이야말로 진정한 불자의 행복일 것이다.

오늘은 좋은 날이다. 아침마다 기분과 감정, 생각과 기억, 몸과 마음 그리고 나를 바라보라. 기분은 기분, 감정은 감정, 몸은 몸, 마음은 마음, 나는 나라라고 야무지게 분리해서 바라보는 것이다.

거울

아침마다 거울을 보는 것은 거울을 보기 위한 것이 아니다. 자기 얼굴을 보기 위해 거울을 보는 것이다.

거울에 비친 자기 얼굴을 보며 얼굴의 티를 제거하고 미장을 하는 것이다.

불자는 마음까지 비추어 보아야 한다. 마음 명상은 자기 내면을 비추어 보는 거울이다.

거울을 보며 얼굴을 아름답게 꾸미듯이, 부처님 가르침 속에서 자기를 보아야 한다.

염송을 하거나 염불을 하는 것은 중생심의 때를 제거하고 불심을 가꾸기 위한 것이다.

염불 명상은 불심을 비추어 보는 거울이다.

무심

거울은 무심이다. 그래서 집착하지 않는다. 물들지도 않고 차별하지 않는다. 과거에 걸림 없이 변함없이 사물을 비춘다. 그러나 거울도 먼지가 낀다. 먼지가 끼면 밝음이 흐려진다.

마음은 유심일 수도 있고 무심일 수도 있다. 유심하게 되면 팔만번뇌가 일어나고, 무심하면 만 가지 법이 고요하다. 그래서 거울의 무심을 닮으라 한다.

'유심'은 본능이라 쉽게 따르지만 '무심'은 지혜이기 때문에 깨달음이 필요하다. 유심하면 물이 들고 집착하고 차별하며 과거의 업장이 발목을 잡는다. 무심하면 텅 비워져서 업장이 사라진다.

마음의 먼지는 6진번뇌이다. 마음이건 거울이건 자주 닦아야 한다. 염불 명상은 마음의 먼지를 닦는 묘약이다.

해는 생각이 없다

해는 마음이 없기 때문에 두루 평등하게 비춘다. 그래서 무심無心 보명普明이다. 無心하게 普明하는 평등한 해다.

아무리 밝은 태양이지만 마음이 없다. 마음이 있다면 어떻게 될까? 아마도 더럽고 추해서 맘에 안 드는 곳은 비추면서도 마음이 편안하지 않을 것이다. 그런 마음으로 비추다가는 스트레스가 쌓여 병원 신세를 지게 될 것이다.

마음이 없을 때 밝게 두루 비출 수 있다. 분별하는 생각이 일어나는 순간 문제가 생긴다. 분별심은 집착에서 집착은 무지에서 기인한다.

공·무상·무아의 진리에 무지하기에 집착하고 집착하기 때문에 분별심을 내는 것이다.

분별하는 마음을 내려놓지 못하면 사소한 문제에서 벗어나지 못하고 반복하게 된다. 마음을 내려놓아도 세상은 잘 돌아간다.

달은 생색이 없다

달은 어둠을 밝히는 장한 일을 하지만 생색이 없다. 생색 없이 어둠을 밝게 비추는 달이다.

달은 어두울 때 가장 밝은 빛이다. 해가 마음이 없듯이 달도 마음이 없다. 그래서 내가 어둠을 밝히고 있다는 생색이 없다.

사람만이 마음이 있어 온갖 분별심을 내어 한시도 가만 있지 못하고 시시비비 따지고 오해하고 삐지고 토라지고 보챈다.

상相은 분별심이 만들어내는 심리적 모양들이다. 상을 내지 말라. 상에 떨어지지 말라. 상을 버려라! 모두 금강경이 전하는 지혜이다.

우리가 노력해야 하는 단 한 가지가 있다면 어떻게 하면 행복해질 수 있을까? 일 것이다. 행복도 연출이다. 오늘 행복해 보라.

불자

불자라는 말은《법화경》'비유품'에서 온 말이다. 부처님 말씀을 듣고 새롭게 거듭 태어난다는 의미이다. 《금강경》에 '의법출생분'이라는 말도 진리에 의지해서 거듭 새롭게 출생하라는 말이다.

불자가 절에 오는 목적에는 두 가지를 명심해야 한다. 하나는 지혜이고 다음은 복덕이다.

부처님을 지혜와 복덕이 구족하신 분이라고 한다. 먼저 지혜는 부처님 말씀을 배우는 것이고, 다음 복덕은 나눔을 실천하고 자비심을 행해야 한다. 이 두 가지는 세상을 행복하게 사는 데 있어 없어서는 안 되는 것이다.

지혜만 있고 복덕이 없으면 물질적 빈곤이 따르고, 복덕만 있고 지혜가 없으면 정신적 빈곤이 따른다.

《금강경》은 공성의 지혜를 말하지만, 그보다 조건 없는 나눔으로 복덕을 더 강조하고 있는 경전이다.

이해하고 감사하라

오래가는 행복의 네 가지 조건이다.

첫째는 만물을 평등하게 사랑하는 마음이다. 모든 존재를 사랑하는 마음으로 바라보라.

둘째는 만물을 감사하는 마음으로 대하는 시선이다. 감사하는 마음이 있을 때 진실한 사랑이 있다. 우리가 존재할 수 있는 것은 만물 덕분이다.

셋째는 조건 없이 용서하는 마음이다. 기본적으로 용서하고자 하는 마음이 있어야 한다. 용서란 받아들인다는 말이다.

넷째는 무조건 이해하는 마음이다. 이해하는 마음이 용서하는 마음이다. 묻지도 따지지도 말고 그냥 이해하라.

내가 이해하고자 한다면 이해하지 못할 것이 무엇이
겠는가? 이해한다는 것은 인정하는 마음이고, 용서한
다는 것은 존중하는 마음이며 감사하다는 것은 덕분
이라는 마음이다.

행복의 제일 조건은 이해하는 마음이다. 이해라는
말은 제대로 잘 안다는 말이다. 해解는 뿔 각角＋칼
도刀＋소 우牛로 된 글자다. 큰 뿔이 달린 소를 칼로
풀어헤친다는 뜻이다.

이해하는 마음이 있으면 용서가 되고, 용서하는 마
음이 있을 때 감사하는 마음이 자리하게 된다. 사랑은
감사하는 마음에서 시작되어야 한다.

이해와 용서 감사하는 마음이 전제된 사랑일 때 오
래가는 행복을 맛볼 수 있다.
순서가 중요하다. 네 가지 마음은 사후 처방이 아니
라 조건과 대상에 상관없이 일상적인 마음가짐이어야
한다.

순서가 중요하다

　불교 수행의 제일 조건은 부처님 가르침을 명확하게 순서대로 알아야 한다는 것이다. 특별한 수행이 필요한 것이 아니라 기본 교리의 순서를 바르게 숙지하고 염불이 되도록 해야 한다.

　들었으면 찾아보고 보았으면 읽고 읽었으면 써보라. 「예불문 · 반야심경 · 법성게 · 천수경 · 화엄경약찬게」 쓰고 또 쓰고 써서 자기 몸에 세포가 되도록 하라.

　이해하고 받아들이면 절로 감사하는 마음이 들 것이고, 사랑하고 인정하며 존중하면 이 모든 행복이 당신 덕분이라는 충만한 마음이 자리할 것이다.

　염불 명상은 자신도 모르게 살고 있는 습관적 관성에서 벗어나는 새로운 삶의 시작이다.
「5온 · 12처 · 18계 · 4성제 · 8정도 · 12연기 · 6바라밀 · 촉 · 작의 · 수 · 상 · 사」 순서만 알아도 나날이 수행이 깊어질 것이다.

역설의 미학

내가 남에게 정말 잘해야 할 때는 내 기분이 별로일 때이다. 내가 누구를 사랑할 때는 늘 사랑만 할 거라고 생각하지 말라.

내가 무엇을 부탁할 때는 반드시 들어줄 거라고 생각하지 말라. 내가 사람을 만날 때는 꼭 만날 거라고만 생각하지 말라. 내가 잘나갈 때는 영원히 잘나갈 거라고 자만하지 말라.

꽃이 진 후에 무상을 아는 것은 진정으로 무상을 아는 것이 아니다. 슬픔이 있으면 기쁨이 있고 기쁨이 있으면 반드시 슬픔이 있다.

불교는 역설의 미학이 있다. 즐거움이라지만 결국에는 괴로움이 되고, 영원하다지만 끝내는 무상하고 만다. 나라고 집착하지만 결국 나도 사라진다. 행복을 찾는 사람이라면 이것과 저것을 동시에 바라보아야 한다.

비가 내린다

비가 내린다. 봄비는 촉촉히 내리고 여름에는 주룩주룩 내리며 가을비는 추적추적 겨울에는 구질구질 내린단다.

《법화경》 '약초유품'에 비에 대한 비유가 나온다. 부처님 말씀을 비에 비유한 것이다.

지상에 있는 모든 생물은 평등하게 비를 맞는다. 그러나 큰 나무는 크게 자라고, 중간 나무는 중간쯤 자라고, 작은 나무는 작게 자란다.

부처님 말씀도 중생에게 고루 들려지지만, 큰사람은 크게 듣고 작은 사람은 작게 듣는다.

불자는 언제나 보다 나은 자아를 키워가야 한다. 먼저 자신을 객관적으로 알아야 하고, 다음은 세상을 넓게 알아야 하며, 끝으로 중생을 가엾게 알아야 한다.

세 가지

누구도 영원히 보장할 수 없는 세 가지가 있다. 이 세 가지는 신이라 해도 보장할 수 없다.

첫째는 건강이다. 건강은 건강할 때 지켜야 한다. 지나친 흡연이나 음주를 삼가하고 잘못된 식습관 등 건강을 해치는 사소한 것들을 살펴야 한다.

둘째는 젊음이다. 젊음은 영원할 수 없다. 늙어 감을 인정하고 늙음을 준비해야 한다. 가능하면 지적 욕구를 강화해 가는 것이 좋다.

불자는 짧은 시간일지라도 책을 보는 습관이나 독경 · 사경 · 염불 명상 등을 생활화하라.

마지막은 영원한 삶이다. 인간은 아무리 오래 살아야 죽는 날까지밖에 못 산다. 아름답게 늙고 아름다운 죽음을 준비하라.

40대에 준비하면 화개금상이겠지만, 이제라도 발심하여 시작한다면 늦지 않다. 자고 나면 내일이듯이 금생이 끝나면 바로 다음 생이다.

누구

바르게 선 자세에서 두 손을 들었다 내렸다 세 번 반복한다. 다음은 앉았다 일어났다를 세 번 반복한다. 좌로 세 걸음 우로 세 걸음을 역시 세 번 반복하면서 누가 내 몸을 움직이게 하는가를 찾아보라.

이제 입으로 "사랑해! 고마워! 잘했어요!"를 세 번 반복하면서 누가 내 입으로 말을 하게 하는가를 찾아보라.

다음은 편안히 앉아서 과거에 좋았던 추억을, 나빴던 기억을 떠올리며 누가 마음으로 그런 기억을 떠올리게 하는가를 찾아보라.

몸을 움직이게 하고 입으로 말하게 하며, 마음으로 생각하게 하는 주체는 누구인가?
생각은 마음으로 하는 모든 현상이다. 마음까지도 쓸 줄 아는 그는 누구인가?

모른다

나는 무엇인가? 몸으로 움직이게 하고, 입으로 말을 하게도 하며, 때로는 말을 안 하게도 하는 나는 무엇인가?

마음으로 좋은 생각을 하게 하고 나쁜 생각을 하게도 하며, 과거의 추억에 잠기게 하기도 하고 미래의 희망에 들뜨게도 하는 나는 무엇인가?

때로는 화가 치밀게 하기도 하며 기쁨에 즐거워하게도 하는 나는 진정 누구인가?

몸을 입을 마음을 나도 모르게 종처럼 부리는 나도 모르는 나는 무엇인가? 분명 누가 있다.

그를 찾는다면 나도 모르게 놀아나는 어리석은 일은 없을 것이다.

선사는 그를 주인공이라고 한다. 나의 진정한 주인공을 알아차려야 한다. 나는 무엇인가?

후기

어릴 때 어머니 손 잡고 절에 다닌 것이 평생 나의 신앙적 존재가 될 줄은 몰랐다. 고등학교 1학년 때 친구와 법련사 불일 중고등부에 입회하여 불일청년회 회장으로 지도 법사로 오신 준수스님과의 만남은 내 인생의 전환점이 되었다.

만날 때마다 해주시던 말씀과 법회 때 설법하시던 내용, 차 한잔 하면서 해 주시던 이야기 등 하나하나가 이 책에 담겨져 있고, 한 줄 한 줄 부족함이 없는 말씀이 나의 철학을 형성하고 인생을 살아가는 예인선 같은 영향을 주셨다.

부족하지 않게 넘쳐나지 않게 중도를 말씀하시며 중심을 잡아주던 스님의 말씀을 생각해보면서 지금도 가끔 스님을 안 만났으면 내 인생은 어떻게 되었을까 하는 상상을 해보기도 한다.

늘 좋은 말씀 바른 행동으로 한결같이 변함없는 스님의 온화함에 반하여 평생을 스님의 제자로 스님의 호위무사로 지낸 것이 자랑스럽고 영광스럽다.

법련사 인연으로 지금까지 함께 부처님 공부를 하는 선후배님들과 도반님들 그리고 이런저런 인연으로 저와 만났던 분들과 지금도 만나는 모든 분들께 감사드린다.

더불어 어머니의 만수무강을 기원하여 하늘에 계신 아버지도 생각난다.

절에서 만나 지금까지 내 옆에서 나와 함께하는 아내 안복희 우리 보물 딸 시연 우리 보배 아들 주명에게도 잘 자라줘서 고맙다고 전하고 싶다.

갑진년 8월
갑진생 무심 이영찬 識

화장찰해 선 불 장
불교 한자학습 교재

반야심경 교리 입문 (무심의 즐거움)

발행　　　　2024년 8월

지은이　　태안당 준수스님
펴낸이　　무심 이영찬
표지사진　정명 박웅희

펴낸곳　　도서출판 도반
편집　　　김광호(월암), 이상미(다라)
대표전화　031-983-1285
이메일　　dobanbooks@naver.com
홈페이지　http://dobanbooks.co.kr
주소　　　경기도 김포시 고촌읍 신곡리 1168번지 1층